Cyndi Dale

Das Handbuch der Chakra-Arbeit

CYNDI DALE

Das Handbuch der CHAKRA-ARBEIT

Heilende Wege zur Entfaltung deines vollen energetischen Potenzials

Aus dem Englischen übersetzt
von Juliane Molitor

Lotos

MIX
Papier aus verantwor-
tungsvollen Quellen
FSC
www.fsc.org
FSC® C014496

Verlagsgruppe Random House FSC®-N001967.

Lotos Verlag
Lotos ist ein Verlag der Verlagsgruppe Random House GmbH.
ISBN 978-3-7787-8275-0
2. Auflage
Copyright © 2017 by Cyndi Dale
Copyright © der deutschsprachigen Ausgabe 2018 by Lotos Verlag,
München, in der Verlagsgruppe Random House GmbH,
Neumarkter Straße 28, 81673 München
Alle Rechte sind vorbehalten. Printed in Germany.
Redaktion: Dr. Diane Zilliges
Einbandgestaltung: Guter Punkt, München,
unter Verwendung eines Motivs von © lublubachka/thinkstock
Illustrationen © Mary Ann Zapalac
Satz: Satzwerk Huber, Germering
Druck und Bindung: GGP Media GmbH, Pößneck
www.ansata-integral-lotos.de

Inhalt

Einleitung   7

TEIL 1 – CHAKRAS VERSTEHEN

1. Was ist ein Chakra?   21
2. Chakra-Konstellationen   50
3. Die sieben klassisch-indischen Chakras   81

TEIL 2 – PRAKTISCHE CHAKRA-MAGIE

4. Mit den Chakras arbeiten   116
5. Die Chakras beurteilen.   132
6. Klären und heilen über die Chakras   148
7. Stress abbauen über die Chakras.   168
8. Schlaf finden über die Chakras.   184
9. Schutz über die Chakras.   193
10. Manifestieren über die Chakras   198
11. Geistige Führung über die Chakras bekommen . . .   204

Nachwort 215
Liste der Übungen. 217
Liste der Tipps. 219
Liste der Abbildungen 220
Literatur 221

Chakras – Prismen des Lichts

Als Kind habe ich Farben gesehen. Natürlich, jedes Kind sieht Farben, das Rot eines Apfels, das Grün der Blätter. Der Mond ist weiß, die Sonne gelb, und alle mögen indigofarbene Jeans. Doch ich sah Farben, die andere nicht einmal bemerkten.

Ich wusste, dass meine Mutter gute Laune hatte, wenn sie von einem rosaroten Nebel umgeben war. Mein Vater war glücklich, wenn Gelb von seiner Magengegend ausging. Wenn meine Eltern gut miteinander auskamen, strahlten ihre Herzen Grün aus. Wenn sie sauer aufeinander waren, versteckte ich mich in meinem Zimmer. Die scharfzackigen roten Lichtblitze, die zwischen ihnen hin und her zuckten, verhießen nichts Gutes.

Als ich älter wurde, stellte ich erstaunt fest, dass andere die Welt nicht in denselben Buntstiftfarben sahen. Ich lernte, meine schrulligen Wahrnehmungen zu ignorieren, obwohl sie nie ganz verschwanden. Dennoch habe ich mich immer gefragt, woher diese wirbelnden Bewegungen aus Farbtönen kommen, ebenso wie die Geräusche, die Gefühle und die Informationen, die sie häufig begleiteten. Auch die waren für andere gar nicht da.

Wie kam es, dass bestimmte Teile meines Körpers in bestimmten Tönen zu summen schienen? Warum wurden meine Hände heiß, wenn eine andere Person krank war? Warum träumte ich immer einen Tag, bevor er bei mir anrief, von meinem Großvater? Von solchen Anomalien war in der Schule nie die Rede, und in der Kirche wurde auch nicht darüber gesprochen. Meine Familie gehörte der Lutheranischen Volkskirche Norwegens an. Da wurde nicht viel über die vorgegebenen Linien hinaus gedacht – oder gemalt.

Ich erfuhr nichts über den Ursprung dieser außersinnlich wahrgenommenen Lichtprismen, Klänge und Informationen, bis ich in meinen Zwanzigern meinen ersten Unterricht in Energieheilung bekam. Meine Welt veränderte sich, als meine Lehrerin die Chakras erklärte.

Das Sanskrit-Wort *Chakra* bedeutet »Rad« oder »Diskus«. Meine Lehrerin sagte, Chakras seien ein weitverbreitetes Thema in zahlreichen Kulturen. Auf ihrer Liste standen die Maya, die Azteken, die Hopi, die Cherokee, die Kelten, die alten Ägypter, die Zulu, die Sufis, die Tibeter, die Chinesen und – die Kultur, auf die wir uns in diesem Buch konzentrieren, nämlich die indische.

Jede dieser Kulturen setzte die Existenz feinstofflicher Energieorgane voraus, auch Energiezentren oder -körper genannt. »Feinstofflich« beschreibt die Fähigkeit, jenseits des Körpers, aber auch durch ihn zu agieren. Und genau das ist die Aufgabe der Chakras: alle physischen, psychischen und geistig-spirituellen Dinge zu bewältigen.

Meine erste Lehrerin unterrichtete uns im klassisch-indischen Chakra-System, das aus sieben innerhalb des Körpers liegenden Zentren besteht, die entlang der Wirbelsäule angeordnet sind und jeweils mit einer endokrinen Drüse in Verbindung stehen. Eine einzigartige Energie namens *Kundalini* aktiviert diese Zentren, bringt verborgene Themen, Emotionen und Probleme an Licht, weckt aber auch geistige Kräfte und löst dadurch eine Kaskade tief greifender und transformierender Ereignisse aus.

Meine Lehrerin wies darauf hin, dass jedes dieser Chakras zwar körperbasiert, aber auch interdimensional ist. Seine Wirbel- oder Strudelform ermöglicht es ihm, Verbindungen zu verschiedenen Realitätsebenen herzustellen. Die Tatsache, dass jedes Chakra in einem anderen Frequenzbereich schwingt, macht es einzigartig.

Und hier hatte ich mein Aha-Erlebnis: Die Lehrerin sagte, dass jeder Frequenzbereich – oder jedes Chakra – einem Ton, einem Element, einer Form oder einer anderen Eigenschaft zugeordnet werden kann, darunter auch einer Farbe.

Einer Farbe! *Jetzt* wusste ich, warum die Herzen meiner Eltern grün aufglühten, wenn sie sehr innig miteinander umgingen, wenn sie eins waren. Grün ist die Farbe des vierten Chakras, das in der Herzgegend liegt und mit Liebe zu tun hat. Es ergab plötzlich einen Sinn, dass bei ihren wütenden Auseinandersetzungen rote Blitze zuckten. Das erste Chakra gehört zu dem Schwingungsspektrum, das mit Rot gleichgesetzt wird, und steht für Leidenschaft, Sicherheit und Emotionen, darunter auch Wut. Die Farben, die ich immer übersinnlich wahrgenommen hatte, sowie die sie begleitenden Empfindungen und Einsichten waren nicht grundlos gewesen. Sie hatten mit den Chakras zu tun.

Nach Abschluss meines ersten Kurses hatte ich mich in die Chakras verliebt. Sie lieferten mir eine Beschreibung meiner selbst und warfen ein Licht auf die Wirklichkeit. Chakras veranschaulichen nicht nur das menschliche Wesen (und übrigens auch jede andere verkörperte Seele), sie führen uns auch das uns innewohnende Göttliche vor Augen, das wir als Kollektiv verwirklichen möchten.

Seit meiner ersten Einführung in diese erstaunlichen feinstofflichen Körper habe ich meine Forschungen und Experimente mit den Chakras und verwandten Konzepten auf Reisen in Asien, Nordafrika, Europa sowie in Nord-, Süd- und Mittelamerika begeistert fortgesetzt. Ich habe mich in alte Lehrbücher und kulturübergreifende Schriften vertieft und sogar wissenschaftliche Handbücher und Forschungsberichte gelesen, in denen es darum ging, diese Prismen des Lebens noch besser zu erklären. Ich habe dieses Wissen, die Ideen und alles, was ich im Laufe von Jahrzehnten zu den Chakras gesammelt habe, mittlerweile genutzt, um fast 60 000 Klienten bei der Verbesserung ihres Lebens zu helfen.

Vielleicht können Sie sich vorstellen, mit welcher Begeisterung ich dieses Buch schreibe. Ich habe die unglaubliche Kraft dieser Energiezentren unmittelbar erfahren und möchte, dass Sie das Gleiche erleben.

Ich persönlich nehme jeden Tag ganz bewusst Kontakt mit meinen Chakras auf. Sie laden mich mit Extraenergie auf, sodass ich als viel beschäftigte Mutter, Hundebesitzerin, Geschäftsfrau und Autorin alles schaffe und mein Leben gleichzeitig genießen kann. Ich verlasse mich vollkommen auf die Inspiration, die ich aus diesen feinstofflichen Organen bekomme, und nutze die Techniken, die später noch vorgestellt werden, um gesund und glücklich zu bleiben und Stress besser zu bewältigen.

In meiner Arbeit als intuitive Heilerin und Energieheilerin setze ich mein Wissen über die Chakras ein, um Menschen beim Erreichen folgender Ziele zu helfen:

- Auffinden möglicher Gründe für Probleme und schwierige Lebenssituationen,
- Beschleunigung von Heilung und Genesung bei Krankheiten, psychischen Verletzungen, problematischen Verhaltensmustern und anderen körperlichen und geistigen Beschwerden,
- Befreiung unterdrückter Emotionen,
- müheloser und produktiver Ausdruck aktueller Gefühle,
- Verwandeln von Arbeit in eine Berufung, die Spaß macht,
- Bewältigung finanzieller und beruflicher Schwierigkeiten,
- Besänftigen des Herzens und Aufbau liebevollerer Beziehungen,
- Erreichen eines dauerhaften Zustands von Frieden und Wohlbefinden,
- Einstimmen auf die geistige Führung.

Und wissen Sie was? Alle diese Vorteile – und noch viele mehr – stehen auch Ihnen zur Verfügung. Kurz gesagt, Chakra-Weisheit kann Ihnen helfen, Ihren Traum zu leben und ihn nicht nur zu träumen.

Daher lade ich Sie ein auf eine magische Entdeckungsreise zu allem, was mit Chakras zu tun hat. Wir beginnen mit Teil 1. Diese Kapitel sollen Ihnen helfen, die ganz einfache Frage zu beantworten, was ein Chakra überhaupt ist. Nach einem so einfachen Einstieg gehen wir immer mehr in die Tiefe, und es wird sehr komplex, weil Chakras sehr viele Facetten haben. Deshalb ist es auch so wichtig, etwas über ihre grundlegenden Funktionen, ihre Struktur, ihre Geschichte sowie ihre naturwissenschaftlichen und typologischen Aspekte zu erfahren, alles Themen, die in Teil 1 behandelt werden.

Im ersten Kapitel erfahren Sie, dass Chakras feinstoffliche Energieorgane sind, die Ihr Dasein auf allen Ebenen, der körperlichen, der seelischen und der geistigen, beeinflussen. Sie werden sehen, warum diese Räder aus Energie, die wie Wirbel oder Strudel aussehen, der Schlüssel zum Ausleben Ihres höchsten Potenzials sind.

Energie wird hier ausführlich erklärt, weil es sich bei den Chakras grundsätzlich um Energieorgane handelt. Weil Chakras eher aus feinstofflicher bzw. nicht messbarer als aus physischer und messbarer Energie bestehen, sind es extrasensorische Organe. Tatsächlich liegt der gesamten physischen Realität feinstoffliche Energie zugrunde, die wie ein Gitter wirkt, in dem sich physische Energien organisieren. Indem Sie feinstoffliche Energien verändern, verändern Sie auch die physische Wirklichkeit. Das bedeutet, dass Sie Ihren Alltag über die Chakras steuern können.

Im ersten Kapitel lernen Sie auch die sieben innerkörperlichen Chakras kurz kennen. Sie bilden das klassisch-indische Chakra-System (Abbildung 1). Im zweiten Kapitel erfahren Sie etwas über die Struktur eines einzelnen Chakras und erforschen die Chakras im Kontext ihres »Familiensystems«, einer dreiköpfigen feinstofflichen Energiefamilie, zu der auch feinstoffliche Energiekanäle und -felder gehören. Sie machen außerdem Bekanntschaft mit der berüchtigten Kundalini, dem göttlichen Funken, der die Transformation durch Chakra-Interaktion in Gang setzt.

In Kapitel 3 wird die allgemeine Einführung in das Thema Chakras erweitert. Hier bekommen Sie detaillierte Informationen über jedes einzelne Energiezentrum und erfahren beispielsweise seinen indischen Namen, wo es verortet ist, welche Farbe, welcher Klang, welche Planetenkonstellation, welcher Archetyp etc. ihm zugeordnet ist und welchen Einfluss es auf die körperliche, seelische und geistige Ebene hat.

Und dann, Freunde der Chakras, Ärmel hochgekrempelt! In Teil 2 wenden wir uns der Praxis zu. In diesen Kapiteln finden Sie mehrere Techniken, die Ihnen helfen, von der Chakra-Interaktion zu profitieren. In Kapitel 4 werden Sie in die Grundprinzipien der Chakras eingeführt und lernen, wie Sie jedes von ihnen lokalisieren können. Kapitel 5 enthält Übungen zur Einschätzung Ihrer Chakras. Und in Kapitel 6 lernen Sie, wie Sie über die Chakras arbeiten und heilen können.

In Kapitel 7 erfahren Sie, wie Sie durch Chakra-Management effektiv Stress reduzieren können. Und gibt es eine bessere Methode, Stress zu reduzieren, als zu schlafen? Der Erwerb dieses wertvollen Gutes namens Schlaf ist Thema in Kapitel 8.

Natürlich können wir nicht sämtliche Stressfaktoren aus unserem Leben eliminieren. Wir haben den Rest der Welt nicht unter Kontrolle, sondern nur uns selbst. Wie Sie in Kapitel 9 erfahren werden, ist Chakra-Management eine der besten Möglichkeiten, Grenzen zu setzen. Ohne feinstoffliche Grenzen geben Sie nur allzu leicht Energie an andere ab oder nehmen deren Gefühle, Empfindungen oder sogar Krankheiten in sich auf.

Nun zur anderen Seite der Medaille: Manifestation. Stark vereinfacht kann man sagen, dass Heilen das Freisetzen unnötiger oder schädlicher Energien mit sich bringt, und dass beim Manifestieren erwünschte oder hilfreiche Energien angezogen werden. In Kapitel 10 erfahren Sie, wie Sie Ihre Chakras einsetzen können, um das anzuziehen, was Sie brauchen. Und schließlich werden Sie in Kapitel 11 zu einem der schönsten Geschenke geführt, das einem Chakra-Liebhaber zuteilwerden kann, nämlich zu spiritueller Einsicht.

Sind Sie bereit für die Reise? Es ist alles für Sie vorbereitet. Wenn Sie gleich mehr über die Prismen der Freude namens Chakras erfahren, sollten Sie wissen, dass das höhere Ziel darin besteht, etwas über sich selbst zu lernen. Indem Sie mehr von Ihrem eigenen inneren Licht ausstrahlen, erhellen Sie die ganze Welt.

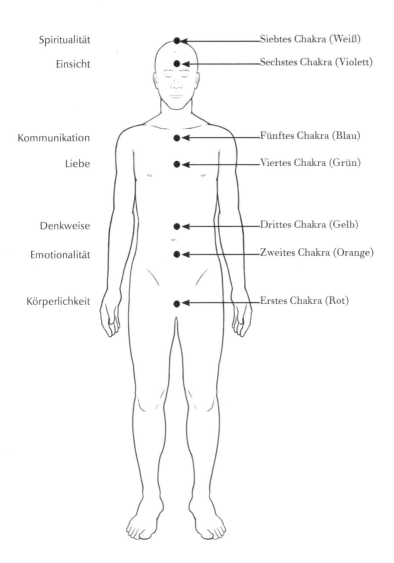

Spiritualität — Siebtes Chakra (Weiß)

Einsicht — Sechstes Chakra (Violett)

Kommunikation — Fünftes Chakra (Blau)

Liebe — Viertes Chakra (Grün)

Denkweise — Drittes Chakra (Gelb)

Emotionalität — Zweites Chakra (Orange)

Körperlichkeit — Erstes Chakra (Rot)

Abbildung 1: Die sieben innerkörperlichen Chakras

Teil 1

CHAKRAS VERSTEHEN

Rad für Rad

*»Man muss das Rad
nicht jeden Tag neu erfinden.«*

Denken Sie mal darüber nach, wie viel Energie Sie investieren, um sich Ziele zu setzen und darauf hinzuarbeiten. Natürlich braucht man Ausdauer, um einen Traum in die Tat umzusetzen – und ein bisschen Glück, würden manche hinzufügen. Die meisten von uns wissen wenig darüber, dass die uns innewohnenden Energieprismen unsere Bemühungen erleichtern und unsere Fortschritte beschleunigen können.

Bei diesen Prismen handelt es sich um die Chakras, die als feinstoffliche Energieorgane definiert werden. Feinstofflich bedeutet allerdings nicht schwach. In der Tat werden physische Energien von feinstofflichen gelenkt und sogar transformiert. Sie werden feststellen, dass sich Chakras, die wie Wirbel oder Räder aus Licht aussehen, perfekt eignen, um Ihnen zu helfen, Ihr Leben besser zu steuern.

In Teil 2 werden Techniken präsentiert, mit denen Sie diese »Lenkräder« bewusster bedienen können. Wie erfolgreich Sie dabei sind, hängt jedoch davon ab, dass Sie verstehen, was Chakras sind, wie sie funktionieren und was sie bewirken. Die Kapitel in Teil 1 sollen Ihnen helfen, sich dieses Wissen anzueignen.

In den ersten beiden Kapiteln von Teil 1 erfahren Sie etwas über die grundlegenden Funktionen und den Aufbau Ihrer Chakras sowie über ihre »nahe Verwandtschaft«, die anderen feinstofflichen Systeme, mit denen sie interagieren. Sie werden entdecken, dass Chakras körperliche, seelische und geistige Belange verwalten und auch wissenschaftlich erforscht werden können. Sie werden das klassisch-indische System kennenlernen, das sieben innerkörperliche Chakras aufweist (siehe Abbildung 1). Das Wissen um diese sieben Chakras ermöglicht die in Teil 2 beschriebene Transformation.

Wenn Sie bereit sind, mit diesen prächtigen Lichtprismen zu interagieren, werden Sie erkennen, dass Sie Ihr Leben nicht neu erfinden müssen, um jedes Ziel zu erreichen. Die chakrischen Lenkräder − und dieser besondere Schuss Glück − stehen Ihnen seit jeher zur Verfügung.

Kapitel 1

Was ist ein Chakra?

Unsere Vorfahren haben den menschlichen Körper ständig untersucht und dabei versucht, den Geheimnissen des Lebens auf die Spur zu kommen. Stellen Sie sich vor, wie überrascht sie waren, als sie wirbelnde Räder aus Licht und Energie wahrnahmen, die von der Vorder- und Rückseite der Wirbelsäule ausgingen. Die gleichen Spiralen waren in der Strömung von Wasser und Luft und auch in Sandstürmen und Blitzen zu sehen. Ähnliche Bewegungen definierten die Krümmung einer Meeresschnecke und die Gravitationswellen von Sternen. Unsere Ahnen kamen zu dem Schluss, dass diese Wirbel der Menschheit etwas Unaussprechliches, Dynamisches und Unsterbliches zu vermitteln hatten. Und sie hatten recht.

Wenn Sie in den Spiegel schauen, sehen Sie keine wirbelnden Räder oder Trichter. In Ihrem Biologiebuch aus der höheren Schule waren sie sicher auch nicht abgebildet, und Sie müssen den Mantel nicht etwa offen tragen, weil austretende Trichterwirbel im Weg wären. Und doch sind sie da, Gott sei Dank!

Die wirbelnden Trichter in unserem Körper, das sind die Chakras, und in diesem Kapitel erfahren Sie, worum es sich dabei handelt, wie sie arbeiten und warum es so wichtig ist, sie zu verstehen. Sie bekommen auch eine Einführung in die Darstellung des bekanntesten Chakra-Systems, nämlich des klassisch-indischen Systems mit den sieben innerkörperlichen Chakras. Sie stellen sicher, dass Sie als das schwingende und interdimensionale Wesen in Aktion treten können, das Sie sind. Während Sie sich eingehend mit dem geheimnisvollen Nimbus dieser unsichtbaren, aber sehr realen Energiekörper beschäftigen, sollten Sie wissen, dass Sie dadurch tatsächlich mehr über Ihren eigenen Körper, Ihre Seele und Ihren Geist erfahren, denn in den Chakras sind diese drei Aspekte Ihrer selbst vereint.

Chakras
Ihre feinstofflichen Energieorgane

Oft spiegelt sich das, was man in der Natur beobachten kann, auch im Körper wieder. Die Wirbel, die Sie im Wasser sehen, das durch den Abfluss der Badewanne fließt, in einem Wildbach und in vom Baum fallenden Blättern, sind auch in Ihrem Körper vorhanden. Diese Chakras sind feinstoffliche Energiekörper, die alle Bereiche Ihres Lebens beherrschen.

Auf einer grundlegenden Ebene sind die Chakras Ihren physischen Organen sehr ähnlich. Wie Ihre Leber oder Ihr Herz hat jedes Chakra-Organ ein Zuhause und eine besondere Aufgabe. Wie Ihre physischen Organe stehen auch die Chakras miteinander in Verbindung und sorgen für optimale Gesundheit. Und wie bei Ihren physischen Organen kann das ganze System abstürzen, wenn ein einzelnes Chakra beeinträchtigt wird. Doch anders als Ihre Leber oder Ihr Herz ist ein Chakra eine Full-Service-Station, die neben körperlichen auch psychische und spirituelle Aufgaben erfüllen kann.

Wenn Sie beispielsweise Hepatitis C (eine chronische Leberinfektion) haben, würde Ihnen ein körperlich orientierter Arzt wahrscheinlich entsprechende Medikamente verschreiben. Ein Chakra-basierter Ansatz könnte Ihnen außerdem helfen, etwas über die emotionalen Probleme hinter der Infektion herauszufinden, und eine die Heilung fördernde Einstellung anregen, die positiven Effekte der medizinischen Behandlung verstärken (und vielleicht sogar deren Nebenwirkungen minimieren) und Sie unterstützend mit Ihrer geistigen Führung in Verbindung bringen. Ein Chakra kann all das tun, weil es aus feinstofflicher und nicht aus physischer Energie besteht.

Alles ist aus Energie gemacht. Energie ist einfach Information, die schwingt und sich bewegt. Es gibt jedoch grundsätzlich zwei Arten von Energie, nämlich physische oder stoffliche und subtile oder feinstoffliche Energie, die als messbar und nicht messbar definiert werden. Die Unterschiede zwischen ihnen erklären die Unterschiede zwischen Ihren Körperorganen und Ihren Chakras. Und weil Ihre Chakras feinstoffliche Organe und eben nicht stofflich sind, können sie die vielfältigsten Funktionen erfüllen:

- einen Teil Ihres Körpers versorgen, etwa ein Nervengeflecht und/oder eine Hormondrüse,
- physische Elemente regulieren und für gesunde Interaktionen mit der Welt der Natur sorgen,
- Ihre Anfälligkeit für oder Ihre Immunität gegen zahlreiche Krankheiten, Beschwerden, Süchte, Allergien, Traumata und mehr bestimmen und die Erholung von diesen Beeinträchtigungen regeln,
- emotionale und mentale Probleme bewältigen helfen,
- förderliche seelische Konstrukte erschaffen und damit für Erfolg im Beruf und in Beziehungen sorgen,
- außersinnliche und intuitive Fähigkeiten steuern,
- Botschaften aus der Umwelt empfangen und interpretieren,
- Botschaften in die Welt senden und beeinflussen, wie andere darauf reagieren,
- Erinnerungen speichern und bei Bedarf abrufen,
- das Besondere an Ihrer spirituellen Identität fördern.

Diese übermenschlichen Leistungen sind möglich, weil feinstoffliche Energie der physischen Energie zugrunde liegt, diese beeinflusst, verwandelt und sich sogar in sie verwandeln kann. Wir werden uns diese besondere Beziehung zwischen feinstofflichen und physischen Energien später in diesem Kapitel noch genauer anschauen. Das alles wird Ihnen allerdings mehr sagen, wenn Sie Ihre grundlegenden Chakras schon kennengelernt und sich mit ihren unglaublichen Kräften vertraut gemacht haben. Wenn Sie sich mit ihnen anfreunden, denken Sie daran, dass sie bereits mit Ihnen verbunden sind. Sie helfen Ihnen in der Tat schon sehr lange, sich selbst zu erschaffen.

Ihre sieben innerkörperlichen Chakras
Ein Bezugssystem für Ihren Körper,
Ihre Seele und Ihren Geist

Die meisten Abendländer kennen die sieben innerkörperlichen Chakras, die auch als das orthodoxe oder klassisch-indische Modell bezeichnet werden. In der Regel ist es die klassisch-indische Ansicht, dass die Chakras die Befreiung von körperlichen Anhaftungen ermöglichen und das Einssein mit Gott oder dem Göttlichen, das im Hinduismus Brahman genannt wird. Mit anderen Worten, die Chakras heben uns aus der physischen Realität in eine eher himmlische.

Es gibt in der Tat viele Chakra-Systeme. Manche umfassen Dutzende von Chakras, andere nur eine Handvoll. Diese zusätzlichen Systeme teilen die Chakras in Kategorien wie innerkörperliche und außerkörperliche sowie Haupt- und Neben-Chakras ein. Einer der Gründe für die Popularität des klassisch-indischen Modells ist, dass unsere bekannteste Quelle für das Wissen über die Chakras die vedischen Texte sind, die am meisten verehrten Schriften des Hinduismus.

In der Tat taucht das Wort *Chakra* in den Veden auf, die zu den ältesten Schriften der Welt gehören. Die ursprünglichen vier vedischen Kanons sind in den bewohnten Flussebenen des Indus entstanden, einer Gegend, die heute zu Afghanistan, Pakistan und Nordwestindien gehört. Die Veden enthalten Informationen, die nach hinduistischer Auffassung Tausende von Jahren alt sind und Hunderte von verwandten Schriften inspiriert haben, die zum Rückgrat des ehemaligen ostindischen Universums (Südasien und Südostasien) wurden und unser Wissen über die Chakras entscheidend geprägt haben. Vedische und nicht vedische Schriften brachten auch Ansichten über die Chakras hervor, die mit Tantra (einer Reihe von Philosophien und Praktiken, die zur Erleuchtung führen) und Yoga (Praktiken wie Atemkontrolle, Meditation und Einsatz bestimmter Körperhaltungen) in Verbindung stehen.

In Anbetracht der modernen Ansichten über die Chakras als spirituelle Körper wirkt es geradezu paradox, dass das Wort *Chakra* ursprünglich den Radkranz eines Karrens, ein Wagenrad, eine Scheibe und den Prozess der Bewässerung mit einem eisernen Rad bezeichnete. Es war auch ein Symbol der Dynamik. In der späteren Literatur nahmen die Chakras allmählich Form an und wurden zu den feinstofflichen Körpern, die in der komplexen feinstofflichen Anatomie, die im nächsten Kapitel beschrieben wird, königlich funkelten. Auf dem Weg dorthin entwickelten sich die Chakras zu einem wichtigen Standbein vieler Religionen wie Buddhismus, Sikhismus und Taoismus. Außerdem wurden sie in zahlreiche auf Gesundheit und Spiritualität ausgerichtete Methoden wie Yoga, Qigong, Tai-Chi, Meditation, Kampfkunst und andere integriert. Viele dieser Ansätze, wie unterschiedlich sie auch sein mögen, beinhalten die grundlegenden sieben Chakras (oder eine Variante davon), weil sie am besten zugänglich und am eindrucksvollsten sind.

Jedes der sieben innerkörperlichen Chakras, die auch als Zentren, Punkte, Körper und Knoten bezeichnet werden, versorgt die drei Hauptaspekte unseres Seins. Den meisten von uns ist klar, dass wir Körper, Seele und Geist haben – oder sind. Der Körper ist Ihr physisches Selbst. Der Geist ist der Ausdruck Ihrer Gefühle und Gedanken, die Emotionen und Überzeugungen hervorbringen. Und die Seele ist der zeitlose oder ewige Aspekt von Ihnen, der das Selbst, die Wirklichkeit und das Göttliche durch Erfahrungen verstehen will. Die Chakras steuern die Funktionen jedes einzelnen dieser drei Aspekte auf folgende Weise:

Physisch (dem Körper dienend): Räumlich ist jedes der sieben innerkörperlichen Chakras in einem Nervengeflecht verankert, einer Ansammlung aus miteinander verflochtenen Nerven und Blutgefäßen. Außerdem steht es mit einer endokrinen Drüse in Verbindung, die Hormone produziert, und reguliert einen bestimmten Körperbereich. Das bedeutet, dass jedes Chakra für bestimmte körperliche Beschwerden verantwortlich ist.

Psychisch (dem Geist dienend): Jedes Chakra ist für unterschiedliche Gedanken und Gefühle zuständig. Zusammen bilden diese die Basis für Emotionen und Überzeugungen. Manche Emotionen und Überzeugungen sind positiv und motivieren uns, gut und erfolgreich zu sein. Andere sind bestenfalls neutral oder sogar destruktiv. Letztere halten uns in psychischen Konstrukten gefangen, die repressiv oder depressiv machen oder Ängste auslösen. Chakras können die eine oder die andere Art von Konstrukt bilden, was wiederum unsere Einstellungen, Aktivitäten und Beziehungen beeinflusst.

Spirituell (der Seele dienend): Jedes Chakra fördert unser spirituelles Wohlbefinden und unsere Art, unsere Göttlichkeit in der Welt zum Ausdruck zu bringen. Dazu gehört auch, dass mit jedem Chakra bestimmte außersinnliche oder intuitive Gaben verbunden sind. Diese ermöglichen uns, höhere Führung zu erhalten, unser Bewusstsein reifen zu lassen und das Licht weiterzugeben, das wir in Wirklichkeit sind.

Wie mögen diese Chakra-Funktionen wohl ineinandergreifen? Ich möchte ein Beispiel aus meinem eigenen Leben geben. Vor ein paar Jahren war ich eine alleinerziehende Mutter mit drei Kindern und fünf Haustieren. Ich sah keine Möglichkeit, wie ich arbeiten gehen sollte und zugleich die Hunde Gassi führen, den Garten unkrautfrei halten und die ganzen Mahlzeiten kochen, die Kinder verschiedener Altersstufen brauchen und gern essen. Ich beschloss also, etwas Chakra-Arbeit zu machen.

Wie Sie noch herausfinden werden, ist jedes der sieben innerkörperlichen Chakras für eine andere Reihe von Problemen zuständig. Da ich echte Menschen in meinem Team brauchte, konzentrierte ich mich mit meinem Wunsch auf mein viertes Chakra, das Beziehungen steuert. Dann ging ich zu Bett und meditierte über meine Herzgegend, die Position dieses Chakras, bis ich einschlief. In Teil 2 lernen Sie verschiedene Techniken kennen, die Ihnen helfen werden, sich auf ein Chakra Ihrer Wahl zu konzentrieren.

Ich hatte einen Traum, in dem mir ein Engel erschien, der auf mein Herz deutete. Ich sah, dass er in einer Rüstung steckte. Da wusste ich sofort, dass ich mein Herz davor verschloss, Hilfe anzunehmen. Ich kannte auch den Grund dafür. Mein Vater war zur Zeit der Wirtschaftskrise aufgewachsen und hatte meiner Schwester und mir immer wieder Vorträge gehalten. »Lehne Almosen immer ab«, hatte er stets betont. »Wenn du etwas selbst machen kannst, dann solltest du es auch selbst machen.«

Als Kind war es meinem Vater peinlich gewesen, dass seine Familie Sozialhilfe angenommen hatte, um über die Runden zu kommen. Offenbar hatte diese Botschaft mein Beziehungs-Chakra psychisch blockiert und bewirkt, dass ich mich schämte, wenn ich Hilfe annahm. Nun, damit war ich durch. In meinem Traum bat ich den Engel, etwas gegen diese wenig hilfreiche Abschottung zu tun.

Am nächsten Tag rief mich eine Freundin an. Ich hatte ihr in früheren Gesprächen erzählt, wie überfordert ich war, und sie hatte in ihrem Yoga-Kurs nachgefragt, ob einer ihrer Teilnehmer zusätzliche Arbeit brauche. Vier Personen boten mir ihre Hilfe zu extrem niedrigen Stundensätzen an. Schon am nächsten Tag hatte ich »Personal«, das sich eifrig an die Arbeit machte.

Meine Geschichte zeigt, wie uns die Interaktion mit einem Chakra im Alltag unterstützen kann. Alle drei Rollen, die ein Chakra spielt, werden darin deutlich. Physisch tauchten echte lebende Menschen auf, die mir helfen wollten. Psychisch löste meine Chakra-Schnittstelle eine wenig hilfreiche Überzeugung auf. Spirituell bot mir ein Engel seine Führung an. Wie aber können Chakras diese drei Lebensbereiche gleichzeitig beeinflussen? Werfen wir einen Blick darauf.

Chakras als multifunktionale Energiewirbel

Chakras können so unterschiedliche Bedürfnisse befriedigen, weil sie, wie ich schon sagte, wirklich wie Wirbel oder Strudel funktionieren. Sie sind Licht- und Klangwirbel, Orte, an denen sich Körper, Seele und Geist einander annähern. Eine der einfachsten Möglichkeiten, mit den eigenen Chakras in Kontakt zu kommen, besteht darin, sich diese Wirbel vorzustellen (siehe Abbildung 2). Die unteren sechs Chakras strahlen auf beiden Seiten des Körpers aus. Vom obersten Punkt des Kopfes – aus dem siebten, dem Kronen-Chakra – steigt ein einzelner Strudel in die himmlischen Gefilde auf. (Auch wenn nur ein Trichterwirbel abgebildet ist, ist allgemein bekannt, dass auch dieses Chakra eine funktionelle Rückseite hat, welche die in Kapitel 2 näher erläuterten Aufgaben erfüllt.)

Doch wie kompliziert die Erkundung der Chakras auch wird, wir kehren immer zu dem Spiraltanz zurück, der ihre

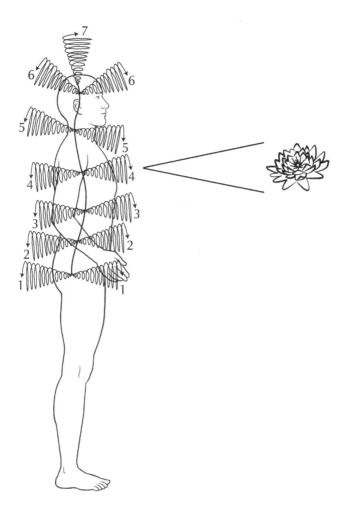

Abbildung 2: Die Chakra-Wirbel

unzähligen Wirkungen bestimmt. Während sich die Chakra-Wirbel anmutig drehen, werden sie immer größer und umfangreicher und verbinden die physische Welt mit immer mehr ätherischen Ebenen des Seins. Gleichzeitig stellen diese ständigen Drehungen im Uhrzeigersinn, gegen den Uhrzeigersinn oder sogar in beide Richtungen gleichzeitig eine Verbindung zwischen all Ihren Aspekten – Körper, Seele und Geist – und diesen ätherischen Ebenen her.

Wenn Sie auf Ihrer Chakra-Fernbedienung den Stopp-Knopf drücken und damit Standbilder von den einzelnen Chakras auslösen würden, dann würden diese Bilder an Lotosblüten erinnern. Aus diesem Grund werden die Chakras häufig als diese Blüten dargestellt. Jede der sieben Chakra-Lotosblüten hat unterschiedlich viele Blütenblätter, die unterschiedliche Drehungen und Frequenzen anzeigen und mit für die Funktionen und Eigenschaften des jeweiligen Chakras stehen. Ganz wichtig ist jedoch, dass die Reichweite dieser rotierenden Trichter auf die umfangreiche Wirkung des jeweiligen Chakras in Ihrem Leben hinweist. Stellen Sie sich einmal vor, was passiert, wenn sich diese Spiralen von einem einzigen Punkt in Ihrem Körper bis in die entferntesten Regionen des Himmels erstrecken. Sie laden Sie ein, mit ihnen zu wachsen, von den Wurzeln Ihres körperlichen Selbst bis zu den höchsten geistigen Höhen.

Ein anderer Grund für die weitreichenden Auswirkungen der Chakras ist, dass jedes einzelne von ihnen in einem eigenen Frequenzbereich operiert und die entsprechenden Schwingungen aussendet. Jeder dieser Frequenzbereiche ist

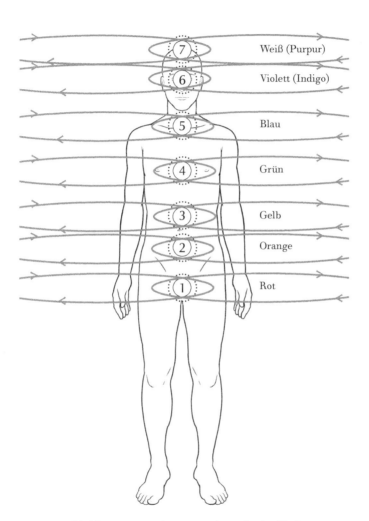

Abbildung 3: Die Schwingungsbereiche der Chakras

sowohl auf den physischen als auch auf den feinstofflichen Ebenen vorhanden und stellt eine Verbindung zwischen ihnen her. Ein einzelnes Chakra tritt in Wechselwirkung mit allen Energien, deren Frequenzen mit den seinen übereinstimmen. Die Quelle der externen Energie spielt dabei keine Rolle. Sie könnte von einer Person, einem Tier oder einem Buch kommen. Es geht einfach um übereinstimmende Energien.

Diese Energiebänder oder Frequenzbereiche kann man sich als horizontal über den Körper verlaufend vorstellen, wie in Abbildung 3 dargestellt. Achten Sie, wenn Sie sich das Bild anschauen, besonders auf die Pfeile im jeweiligen Ausschnitt. Diese Pfeile zeigen, wie Energien, deren Schwingungen mit denen des jeweiligen Chakras übereinstimmen, in das Chakra und den physischen Körper eintreten und durch ihn hindurchfließen. In diesem Prozess fügt das Chakra seine eigene passende Energie hinzu.

Diese horizontalen Wellen werden unterschiedlich beschrieben. Jede kann als eine Farbe, ein Klang, eine Form, ein Archetyp oder ein anderes Symbol aufgefasst werden und jede steht mit einem Nervengeflecht, einer endokrinen Drüse, einem Planeten, einem Gott und einer Göttin, einer intuitiven Gabe und anderem in Verbindung. Und wie bereits erwähnt, überwacht jedes Chakra eine Reihe von körperlichen, seelischen und geistigen Funktionen. Außerdem kann Sinn und Zweck eines jeden Chakras in einem speziellen Begriff zusammengefasst werden. Beispielsweise übt das erste Chakra, egal was es tut, permanent einen Einfluss auf Ihr körperliches Selbst aus. *Körperlichkeit* ist daher ein guter Begriff, um den übergeordneten Zweck dieses Chakras zusammenzufassen.

Wir werden uns mit den Besonderheiten der einzelnen Chakras, einschließlich ihrer Sanskrit-Namen, in Kapitel 3 noch näher beschäftigen. Fürs Erste sollen die folgenden Beschreibungen der Chakras in ihrer numerischen Reihenfolge genügen:

Chakra	Position	Farbe	Zweck
Erstes	Becken	Rot	Körperlichkeit
Zweites	Unterbauch	Orange	Emotionalität
Drittes	Solarplexus	Gelb	Denkweise
Viertes	Herz	Grün	Liebe
Fünftes	Schilddrüse	Blau	Kommunikation
Sechstes	Stirn	Violett	Einsicht
Siebtes	oberster Punkt des Kopfes	Weiß	Spiritualität

Wie Sie sehen, beginnen die Farben mit Rot und ziehen sich bis zum Weiß. Die Farben dazwischen schimmern wie Ausreißer aus dem Buntstiftkasten: Orange, Gelb, Grün, Blau und Violett. In jeder dieser Farben spiegelt sich das Band, das horizontal über dem zugehörigen Chakra liegt und von ihm zum Ausdruck gebracht wird. Es gibt aber noch weitere Chakra-Systeme, die andere Farben ausstrahlen.

In einem anderen, aber ebenso beliebten System ist die Farbe des sechsten Chakras Indigo, ein tiefdunkles Blau, und die des siebten Chakras ist Purpur oder Violett. In vielen Kulturen wird Blau mit Spiritualität in Verbindung gebracht. Indigo und Purpur/Violett sind Mischformen von Blau und daher ebenfalls ein Ausdruck von Spiritualität. Namentlich Indigo ist ein Zeichen für Hellsichtigkeit, also die Fähigkeit, Feinstoffliches intuitiv in Bildern wahrzunehmen. Das sechste Chakra wird häufig als Haus der Hellsichtigkeit betrachtet. Purpur steht für Königtum und Zeremoniell und spiegelt die am weitesten entwickelte Form von Spiritualität. Daher ist es sinnvoll, diese respektable Farbe dem siebten oder Kronen-Chakra zuzuordnen (Hamilton-Parker: *The Aura*).

Ich bevorzuge das Rot-bis-Weiß-System, und zwar aus zwei Gründen. Der eine Grund ist, dass das am weitesten verbreitete westliche Wissen über die Chakras auf dem Werk von John Woodroffe basiert. Woodroffe schrieb unter dem Pseudonym Sir Arthur Avalon, und sein 1919 im Westen veröffentlichtes Buch *The Serpent Power* wurde fortan zum Leitfaden für die meisten Chakra-Forschungen. Teil seiner Analyse waren die Verbindungen zwischen den Chakras und den Nervengeflechten sowie die am häufigsten erwähnten Chakra-Aufgaben.

Woodroffe wies dem siebten Chakra die Farbe Weiß zu. Es ergibt Sinn, dass Weiß das Chakra-System abschließt, denn das Kronen-Chakra steht für Reinheit und alle guten Dinge. Außerdem interpretierte er die Laya-Yoga-Schrift so, dass sie

die Blütenblätter des ersten Chakras als karmesinrot beschreibt, und er betrachtete dieses Rot als Kontrast zum Weiß.
Zusammen mit anderen Chakra-Experten interpretiere ich
die anderen Farben als Abstufungen zwischen Rot und Weiß.
Einige der Farben, die Woodroffe den Chakras zugewiesen
hat, gelten auch für das System, das ich vorstelle, andere
nicht.

Mein Hauptargument für das Rot-bis-Weiß-System ist jedoch, dass dieses Kaleidoskop von den Ergebnissen der wis-
senschaftlichen Versuche bestätigt wird, auf die ich im Abschnitt »Die wahre Natur der stofflichen und feinstofflichen
Energien« kurz eingehe. In diesen Versuchen wurde die elektromagnetische Aktivität der Chakras untersucht, und man
fand heraus, dass die Chakras von unten nach oben rot,
orange, gelb, grün, blau, purpur/violett und weiß sind.

Natürlich ist es so, dass Wahrnehmungen buchstäblich die
Wirklichkeit färben. Unsere Gedanken und Gefühle bestimmen, was wir sehen. Meistens stelle ich jedoch fest, dass Menschen den Chakra-Farben treu bleiben, die sie zuerst kennengelernt haben. Ich schlage also vor, dass Sie die Farbskala
auswählen, mit der Sie sich am besten identifizieren können.

Wie allein die Verzwicktheit dieser Diskussion zeigt, ist das
Agieren über die Chakras – um Heilung zu bewirken, Aufmerksamkeit auf einen Wunsch zu lenken oder Einsicht zu
erlangen – ein außergewöhnlicher Prozess. Lassen Sie mich
ein Beispiel geben, das zeigt, warum es sich lohnt, etwas über
die Chakras zu lernen. Es geht hier um eine der wichtigsten
Anwendungen des Chakra-Wissens, nämlich das Heilen.

Die Geschichte einer Heilung
Eine Veränderung in Körper, Seele und Geist

Einmal habe ich mit Janie gearbeitet, einer Frau, die mit ständig wiederkehrenden Attacken eines Reizdarmsyndroms (RDS) zu kämpfen hatte. RDS ist ein sehr häufig vorkommendes Leiden, das den Dickdarm betrifft und sich unter anderem in Symptomen wie Krämpfen, Blutungen, Blähungen, Durchfall und Verstopfung äußert. In der Medizin ist man sich nicht genau darüber im Klaren, was RDS verursacht, aber es wurde mit emotionalem Stress, einer ungünstigen Lebensweise, falscher Ernährung, Hormonen, einem empfindlichen Nervensystem und anderen Faktoren in Verbindung gebracht.

Janie war schon bei zahlreichen alternativen und allopathischen Fachleuten gewesen, bevor sie zu mir kam. Sie war auf stark eingeschränkter Diät und nahm Medikamente, aber dennoch hatte sie alle paar Wochen Durchfall und eine Schmerzattacke. Ich beschloss, mich ganz auf das mit dem Bauch verbundene Chakra zu konzentrieren, das zweite Chakra, das sich auf die Emotionalität bezieht.

Ich arbeitete vier Mal mit Janie, und in jeder Sitzung konzentrierten wir uns auf einen kritischen Punkt in ihrer emotionalen Geschichte. Ich führte Janie in ihr Bauchzentrum und bat sie einfach, von den Erinnerungen zu erzählen, die hochkamen. Unser Ziel war es, Situationen zu entdecken, die in Zusammenhang mit dem RDS stehen könnten.

In diesem Prozess entdeckte Janie mehrere unverarbeitete Erinnerungen, die alle emotionalen Stress, negative Gedanken und Angst hervorriefen. Während wir die Überzeugungen entknoteten, die ihre Angst auslösten, besserte sich der Zustand ihres Darms. Sie nahm zwar auch nach der Arbeit mit mir weiterhin ihre Medikamente ein und blieb bei ihrer eingeschränkten Diät, aber ihre Symptome verbesserten sich deutlich. Sie fielen nach und nach weniger drastisch aus und kamen bald nur noch alle zwei oder drei Monate, statt wie früher alle zwei Wochen. Janie war begeistert.

Manchmal bewirkt die Chakra-Arbeit regelrechte Wunder, und manchmal führt sie einfach zu Verbesserungen, wie Janie sie erlebt hat. Doch zumindest fordert sie zu einer Klärung unserer Bedürfnisse und Probleme auf und stärkt unsere Fähigkeit, erfolgreich Entscheidungen zu treffen. Aus meiner Sicht wirft Janies Geschichte ein Licht auf die einfache Schönheit und beeindruckende Wirkung einer Interaktion mit den Chakras. Die Techniken, die in Teil 2 vorgestellt werden, sind alle darauf ausgelegt, Sie in die kraftvolle und poetische Welt der Chakras einzuweihen, damit Sie persönlich davon profitieren können.

Was aber macht Chakras so einflussreich? Um das zu verstehen, müssen wir zu unserer Diskussion über Energie zurückkehren.

Die wahre Natur der stofflichen und feinstofflichen Energien

Chakras sind Experten in Sachen Energie, daran besteht kein Zweifel. Um ihre Besonderheit wirklich erkennen zu können, ist es ein Muss, sich um ein besseres Verständnis der Unterschiede zwischen stofflichen/physischen und feinstofflichen Energien zu bemühen, ebenso wie um ein Verständnis ihrer Gemeinsamkeiten.

Physische Energien sind messbar. Es sind die Energien, auf die sich die meisten von uns beziehen, weil man uns beigebracht hat, dass die Realität ausschließlich stofflich ist. Es ist sicher einfacher, die konkrete Natur dieser Welt herauszustellen und zu beweisen. Es gibt nicht viel Rätselraten über physische Dinge, die wir hauptsächlich über unsere Sinne – Hören, Sehen, Schmecken, Berühren und Riechen – wahrnehmen. Was wir sehen (oder hören oder ertasten) ist das, was wir kriegen. Ein 250-Gramm-Stück Butter wiegt ein halbes Pfund. Eine Stechmücke klingt – und sticht – wie eine Stechmücke.

Abgesehen davon, dass sie messbar ist, ist physische Information auch höchst vorhersehbar. Das heißt, wenn wir etwas tun, haben wir ein ziemlich gutes Gefühl dafür, was dabei herauskommen wird. Wenn Sie den Anweisungen auf der Verpackung einer Backmischung folgen, haben Sie am Ende einen Kuchen. Dieses Maß an Gewissheit ist möglich, weil die physischen Objekte die Anweisungen der Verkehrspolizisten des Universums befolgen.

Bei dieser »Polizei« handelt es sich in Wirklichkeit um die klassischen Gesetze der Physik. Sie sind die Grundlage der klassischen Mechanik und beschreiben die Art und Weise, wie ein Körper (oder Objekt) mit Kräften interagiert. Und so erklären diese Gesetze auch, wie Chakras, auch wenn wir sie nicht sehen können, unser körperliches und seelisches Wohlbefinden beeinflussen. Das können diese Energieräder nämlich, weil sie psychophysiologisch sind und als Licht- und Klangmaschinen fungieren.

Der Ausdruck *psychophysiologisch* ist ein Schachtelwort aus zwei Begriffen. *Psycho* steht für psychologisch und bezieht sich auf Emotionen und Überzeugungen, und *physiologisch* bezieht sich auf Körperfunktionen. Physiologisch entstehen Emotionen in einem komplizierten Tanz des Nervensystems mit den endokrinen Drüsen aus elektrischen Impulsen und chemischen Stoffen. Dr. Candace Pert, eine renommierte Wissenschaftlerin und Expertin für Geist-Körper-Phänomene, entdeckte, dass sich die Zellrezeptoren der Nerven, die Emotionen verarbeiten, an bestimmten Punkten häufen, und zwar fast genau dort, wo auch die innerkörperlichen Chakras liegen. Das stützt die Aussage, dass Chakras sowohl psychische als auch physische Körper sind. Aber sie sind noch mehr als das.

Chakras sind auch Licht- und Klangorgane. Was Ersteres angeht, muss man wissen, dass aus mechanistischer Sicht jede Zelle unseres Körpers eine elektrische Ladung oder elektrische Felder ausstrahlt. Elektrizität erzeugt magnetische Felder. Beide zusammen bilden elektromagnetische Felder

(EMF), die auch Licht genannt werden. Untersuchungen aus den 1970er-Jahren haben gezeigt, dass jedes Chakra mit elektromagnetischen Feldern oder farbigem Licht arbeitet, und zwar in einem Frequenzbereich, den das menschliche Auge nicht wahrnehmen kann. Die Farben, die in den Versuchen von den einzelnen Chakras ausgingen, waren die, die mit dem klassisch-indischen System in Verbindung gebracht werden, also Rot bis Weiß (Hunt et al.). Und Farben können wir einsetzen, um mit unseren Chakras zu interagieren. Wie das geht, erfahren Sie in Teil 2.

Als Klangorgane reflektieren Chakras die Wahrheit, die in jedem Teil unseres Körpers summt. Ja, Ihre Leber gibt einen vernehmlichen Ton von sich, genau wie jede Zelle Ihres Körpers. Diese Orchestrierung ergibt sich, weil Schwingung Klang erzeugt. Alles schwingt, also erzeugt alles Klang. Wie Sie in Kapitel 3 erfahren werden, haben unsere indischen Meister jedes Chakra auf einen Ton gestimmt, der in der Chakra-Terminologie Keimsilbe oder *Bija-Mantra* heißt. Chakras werden im wahrsten Sinne des Wortes von Klängen berührt und teilen ihrerseits durch Klänge Informationen mit der Welt. Deshalb können Sie bei der Chakra-Interaktion das Tönen und andere klangliche Hilfsmittel einsetzen, um Ihr Leben zu verbessern. Wie das geht, erfahren Sie ebenfalls in Teil 2.

Im Gegensatz zu physischen oder stofflichen Energien sind feinstoffliche Energien nicht messbar. Das bedeutet, dass wir ihre Aktivität nicht mit modernen Apparaten wie etwa einem Röntgengerät überwachen oder vorhersagen können.

Doch ungeachtet der relativen Unsichtbarkeit feinstofflicher Energien wissen wir, dass es sie gibt, und zwar aufgrund ihrer erstaunlichen Wirkungen.

Andere Bezeichnungen für feinstoffliche Energie sind außersinnliche, intuitive, ätherische, Nullpunkt-, Lebens- und spirituelle oder geistige Energie sowie Od, Orgon, Skalarwellen, Tachyon, Chi, Prana, Longitudinalwellen, Biofelder, Biomagnetismus und andere. Ich mag die Bezeichnung »feinstoffliche Energie«, weil sie das Wesen dieser Energie beschreibt. Und der erste Physiker, der diesen Begriff verwendete, soll Albert Einstein gewesen sein.

Feinstoffliche Energie ist zwar nicht physisch, aber hochgradig interaktiv. Ihre enorme Schlagkraft kommt von der Information, die sie trägt, ungeachtet der Tatsache, dass diese Information nicht gesehen werden kann (Crowe). Aber feinstoffliche Energie kann noch mehr. Wenn feinstoffliche Energien schwingen, wird alles, womit sie sich verbinden, ebenfalls in Schwingung versetzt oder in seiner Schwingung verändert. Da feinstoffliche Energien alle Ebenen der Wirklichkeit »berühren«, ob sichtbar oder unsichtbar, kann das Verändern feinstofflicher Energie potenziell jede Ebene der Wirklichkeit verändern, einschließlich der physischen.

Die beste wissenschaftliche Erklärung für feinstoffliche Energie und die geistigen, manchmal sogar wundersamen Wirkungen der Chakras liefert die Quantenphysik. Sie beschäftigt sich mit Quanten, den kleinsten Einheiten des Universums. Im Vergleich zu stofflichen Energien sind feinstoffliche eher instabil. Die Welt der Quanten wird daher häufig auch als »verrückt« oder »spukhaft« bezeichnet, weil zu jeder Zeit alles passieren kann. Ein Tumor kann sich bilden – oder verschwinden. Geld kann zu Staub zerfallen – oder von irgendwoher auftauchen. Doch auch die Quantenwelt unterliegt Gesetzen, selbst wenn diese weniger greifbar sind als die klassischen Gesetze.

Eines der wichtigsten Quantengesetze besagt, dass ein Beobachter Einfluss auf das Ergebnis des von ihm Beobachteten hat. Einem anderen zufolge beeinflussen zwei Objekte oder Menschen, die einmal in Kontakt waren, einander auch weiterhin, selbst wenn sie durch Zeit und Entfernung voneinander getrennt wurden (Dale 2012).

Was haben diese Gesetze mit den Chakras zu tun? Die Wirbel der Chakras halten sie in der physischen Welt, aber im Grunde sind es Trichter aus Quanten. Wenn Sie sich über ein Chakra auf einen Wunsch konzentrieren, werden Sie zum »Beobachter« und können Energie auf Ihr Ziel richten. Über ein Chakra können Sie auch mit so gut wie allem oder jedem Verbindung aufnehmen, und zwar überall. Dies ist das perfekte Szenario, um sich für geistige Führung zu öffnen, schwierige Beziehungen zu bearbeiten, sich auf die Vergangenheit oder die Zukunft einzustimmen oder herauszufinden, welche Schritte Sie in Ihrem Leben als Nächstes gehen müssen.

So verschieden die stofflichen und die feinstofflichen Energien auch zu sein scheinen, sie können durchaus wie Partner zusammenarbeiten. Dies ist ein wichtiger Punkt, der erklärt, wie die Chakras stoffliche und feinstoffliche Energien gleichzeitig beeinflussen können.

Ein Beispiel für diese Interaktivität: Das elektromagnetische Feld versorgt den physischen Körper tatsächlich mit feinstofflichen Energien (Crowe). Um dieses Konzept zu verstehen, stellen Sie sich eine bunte Welle aus Licht vor. Nun stellen Sie sich fröhliche, kleine (unsichtbare) feinstoffliche Blasen vor, die sich mit dieser Welle vermischen. Mehrere Mitglieder der Blasengemeinde hüpfen auf der Welle, andere schlüpfen darunter. Manche machen kilometerweit weg Urlaub und wieder andere verstecken sich. Mit ihren komplizierten Tanzbewegungen verändern diese Blasenenergien permanent die Lichtwelle und umgekehrt. Diese Energiebänder, welche die Chakras verströmen und von denen sie leben, sind sowohl physisch als auch feinstofflich. Auf diesen Bändern fungieren die Chakras wie Türen zwischen dem Konkreten und dem Immateriellen.

Einer der Gründe, warum physische Energien stark von feinstofflichen Energien beeinflusst werden – und feinstoffliche Energien sich so leicht in die sogenannte konkrete Wirklichkeit schlängeln können – ist der, dass die physische Welt nicht so felsenfest ist. In der Tat ist sie auf einer gewissen Ebene feinstofflich. Forschungen haben ergeben, dass physische Atome aus sich ständig drehenden und schwingenden Energiewirbeln bestehen und durch solche Energiewirbel miteinander verbunden sind. Diese Trichterwirbel, die an sich drehende Chakras erinnern, erwecken lediglich den Anschein von Dichte und Undurchdringlichkeit. In Wirklichkeit gibt es keine Festigkeit, nur Energien in Bewegung, von denen manche leichter zu erkennen sind als andere. Chakras sind die ultimativen Trichterwirbel, die es uns ermöglichen, uns zwischen unseren verschiedenen Seinsweisen zu bewegen, von der physischen zur geistigen und wieder zurück.

Nicht nur übermitteln die Chakras Informationen zwischen den stofflichen und den feinstofflichen Bereichen, sie können auch die einen in die anderen verwandeln. Dieser letzte Punkt in diesem Kapitel soll Ihnen ein möglichst klares Bild von den Chakras als Transformatoren geben.

Chakras als Transformatoren

Auf einer konkreten Ebene ist ein Transformator ein elektrisches Gerät, das eine Spannung in eine andere umwandelt. In diesem Prozess kann er auch eine Art von Energie in eine andere Art von Energie umwandeln. Jerriann J. Taber, Autorin von *The Rapid Healing Technique*, erklärt, dass Chakras Energie in vier Richtungen lenken: nach oben, nach unten, nach innen und nach außen. Dies bedeutet, dass die Chakras Energien von höheren zu niedrigeren Zuständen (und umgekehrt) sowie in den Körper hinein und aus ihm hinaus bewegen. Außerdem reichen sie Energien durch verschiedene Seinsebenen (die im nächsten Kapitel beschrieben werden) weiter, durch den eigenen Körper, die eigene Seele und den eigenen Geist sowie durch Körper, Seele und Geist anderer. Und als seien sie damit nicht schon genug beschäftigt, wandeln sie auch stoffliche Energie in feinstoffliche um (und umgekehrt). Mit anderen Worten, sie verhalten sich wie Transformatoren.

Wie könnte diese Art von Austausch im Alltag aussehen? Stellen Sie sich vor, Sie besuchen Ihre Mutter und erzählen ihr geistesabwesend, dass Sie Hunger haben. Ihr Vater ist nicht zu Hause. Er fährt gerade von der Arbeit heim – und weiß nicht, dass Sie beim ihm zu Hause sind.

Ohne dass es Ihnen bewusst ist, schnürt eines Ihrer Chakras aus Ihren physischen, hörbaren Worten ein Datenpaket, das schneller ist als das Licht, und lädt es in die Atmosphäre hoch. Ohne dass es ihm bewusst wäre, empfängt Ihr Vater das Memo und eines seiner Chakras macht sich fröhlich daran, auf Ihr Bedürfnis zu reagieren.

Ohne zu wissen warum, hält Ihr Vater bei einem Schnellrestaurant an und bestellt drei Abendessen. Er weiß, dass Ihre Mutter Hunger haben könnte, aber eine zusätzliche Mahlzeit? Er versteht selbst nicht, warum er das macht. Als er zur Tür hereinkommt, stellen Sie freudig erstaunt fest, dass er genug zu essen für alle mitgebracht hat, Sie als Überraschungsgast eingeschlossen. In diesem Beispiel können Sie Ihre eigenen Chakras und die eines anderen Menschen aktiv im Einsatz sehen. Informationen werden von einem physischen Zustand (Ihrer Bemerkung) in einen feinstofflichen Zustand (die Intuition Ihres Vaters) und zurück in den physischen Zustand (das Essen) verschoben.

Die Mitteilung, die Ihr Vater außersinnlich empfangen hat, traf ihn nicht gerade am Kopf wie ein um einen Stein gewickeltes Stück Papier. Aber er war in der Lage, einem Eindruck – Ihrem Wunsch – einen Sinn zu geben, den er verstehen konnte, und das passierte über seine Chakras. Vielleicht verwandelte sich sein Bewusstsein nicht selbst in eine Portion Reis mit Gemüse und Hühnchen, aber die Erkenntnis stimulierte eine entsprechende physische Reaktion.

Als Energieexperten wussten die Chakras zweier sehr unterschiedlicher Menschen, wie man feinstoffliche in physische Energien verwandelt und umgekehrt. In Teil 2 lernen Sie vier Arten von Intuition kennen, die Ihnen helfen werden, die Botschaften zu verstehen, die Ihre Chakras ins Universum senden.

Erkennen Sie allmählich, wie hart Ihre Chakras arbeiten? Tatsache ist, dass sie sich nicht davon abhalten lassen, Ihnen zu helfen, weil sie so strukturiert sind, dass sie das ganze Spektrum von Funktionen erfüllen, die in diesem Kapitel besprochen wurden. Sie haben dabei natürlich auch Unterstützung, weil sie nicht die einzigen Akteure im Energiemanagement sind.

Im nächsten Kapitel erfahren Sie etwas über die strukturbedingte Mechanik eines Chakras und lernen die anderen Mitglieder der feinstofflichen Energiefamilie kennen. Sie werden sich wundern über die Brillanz der feinstofflichen Systeme, die Ihren Körper, Ihre Seele und Ihren Geist unterstützen.

* * * *

Zusammenfassung

Sie haben erfahren, dass Ihre Chakras feinstoffliche Energiekörper sind. Es gibt zwar viele Chakrasysteme, doch das in diesem Kapitel kurz vorgestellte ist das populärste, das klassisch-indische System. Dieses System geht von sieben im physischen Körper verankerten Chakras aus, die sich als rotierende Energiewirbel präsentieren. Jedes Chakra bringt besondere physische, psychische und spirituelle Vorteile. Als rotierendes »Rad« verbindet es sich mit vielen verschiedenen Bereichen der Wirklichkeit.

Die Magie eines Chakras besteht in seiner Fähigkeit, Energie von einem Zustand in einen anderen zu transformieren. Alles besteht aus Energie, aus Information, die sich bewegt, aber es gibt zwei Arten von Energie: stoffliche (messbare) und feinstoffliche (nicht messbare). Chakras können diese Energien übersetzen, sie können stoffliche in feinstoffliche Energie umwandeln (und umgekehrt), weil sie in ganz bestimmten Frequenzbereichen existieren und diese auch aussenden: als horizontale Bereiche oder Bänder. So kann ein Chakra auf vielerlei Weise beschrieben werden, zum Beispiel über eine Farbe. Mehr darüber, wie die Chakras mit Symbolen, Klängen und anderem verbunden werden, erfahren Sie in Kapitel 3.

* * * *

Kapitel 2

Chakra-Konstellationen
Innen und außen

Eine Himmelskonstellation ist eine Gruppe aus Sternen, die eine Formation bilden, ein Sternbild. In dieser Gruppierung leuchtet jeder Stern unverwechselbar und einzigartig, obwohl sie genetische Gemeinsamkeiten haben. Und alle zusammen bilden eine Form, angesichts derer die Betrachter »Ooh« und »Aah« machen.

Wie Sterne sind Chakras eigenständige Energieformen. Alle Chakras haben die gleiche Grundstruktur und funktionieren auf vergleichbare Weise. Das verstehen Sie umso besser, je mehr Sie über Ihre Chakras lernen – und damit auch über sich selbst. Die entsprechenden Einsichten geben Ihnen auch einen Hinweis darauf, wie Sie von Chakra-Interaktionen profitieren können. Diese Interaktionen sind Thema in Teil 2. Auch das Chakra-System bildet eine Formation, die Teil eines größeren Ganzen ist. Tatsächlich ist es Teil einer dreiköpfigen Familie namens »feinstofflich-energetische Anatomie«.

In diesem Kapitel untersuchen wir die grundlegende Struktur eines typischen Chakras. Diese Untersuchung liefert wertvolle Informationen darüber, wie Ihre Chakras arbeiten – und wie Sie mit ihnen arbeiten können, um Ihre Ziele zu erreichen. Dann lernen Sie den Rest der feinstofflich-energetischen Familie kennen. Die Chakras sind nur ein Mitglied in einem Familienverband, der außerdem feinstoffliche Energiekanäle und Energiefelder umfasst. In diesem dreigliedrigen Verband zirkuliert feinstoffliche Energie, um Gesundheit, Glück und Wohlbefinden zu gewährleisten.

Wenn Sie diese Familie kennenlernen, erfahren Sie auch etwas über die anderen Energiecousins, die Granthis, die Koshas, die Ebenen des Seins und die Kundalini-Energie, die eine Kettenreaktion auslöst und damit letztendlich die vollkommene Integration Ihres Körpers, Ihrer Seele und Ihres Geistes ermöglicht. Am Ende dieses Kapitels werden Sie ein deutlicheres Bild von Ihrem unsichtbaren Selbst haben, das viele als Ihr »wahres« Selbst bezeichnen würden.

Was aktiviert ein Chakra?
Struktur, Struktur und noch mehr Struktur

Warum ist es so wichtig, die Struktur eines Chakras zu verstehen? Um diese Frage zu beantworten, kehre ich zu meiner Analogie zwischen Chakras und physischen Organen zurück, einem Thema, das im ersten Kapitel schon angesprochen wurde.

Wenn ein Patient ein Problem mit seiner Leber hat, vergleicht der Arzt als Erstes die Leber des Patienten mit dem Erscheinungsbild und der Funktion einer »normalen« Leber. Mit diesem Kontrast vor Augen kann der Arzt herausfinden, wie die Leber zu behandeln ist. Die Interaktionen mit Ihren Chakras funktionieren genauso. Wenn in Ihrem Leben etwas ein wenig »aus dem Ruder zu laufen« scheint und Sie es bis zu einem Chakra zurückverfolgen können, lässt sich dadurch eine Lösung finden, dass Sie Korrekturen an diesem Chakra vornehmen.

Jedes Chakra ist ein wenig anders, aber alle haben die gleiche Grundstruktur. Diese Struktur sichert ihre Funktionsfähigkeit. Wenn ein Chakra strukturell gesund ist, funktioniert es auf optimalem Niveau. Wenn dies nicht der Fall ist, bekommt das Chakra Schwierigkeiten – und Sie auch. In Teil 2 lernen Sie, wie man die Struktur eines Chakras überprüft und das Chakra neu kalibriert, wenn es einer Feinabstimmung bedarf. In diesem Abschnitt erfahren Sie, wie ein Chakra aussehen sollte, damit Sie sichergehen können, dass Ihre Chakras immer »richtig eingestellt« sind.

Die Struktur eines Chakras hat vier Aspekte, nämlich die vertikale Platzierung, linke und rechte Seite, Vorder- und Rückseite sowie inneres und äußeres Rad. Außerdem überprüft ein Chakra-Spezialist, in welche Richtung sich das Chakra dreht – im Uhrzeigersinn oder gegen den Uhrzeigersinn.

Werfen wir einen Blick auf diese wichtigen »Gestaltungselemente« des Chakras.

Vertikale Platzierung

Je weiter unten im Körper ein Chakra liegt, desto tiefer und langsamer ist in der Regel seine Schwingung und desto greifbarer seine Wirkung. Je weiter oben im Körper das Chakra liegt, desto höher und schneller ist seine Schwingung und desto spiritueller seine Wirkung. Das heißt, wenn Sie etwas Konkretes in Ihrem Leben erschaffen wollen, interagieren Sie mit den unteren Chakras. Wenn Sie hingegen nach einem spirituellen Ergebnis streben, arbeiten Sie mit den höheren Chakras.

Sie können noch spezifischer innerhalb der Chakra-Gruppierungen agieren, da jedes der sieben innerkörperlichen Chakras als eher physisch, psychisch oder spirituell klassifiziert werden kann. Zwar erfüllt jedes Chakra alle diese Funktionen, aber jedes einzelne ist auch spezialisiert, und zwar wie in der folgenden Tabelle dargestellt:

Chakra	Unter-gliederung	Wirkung
Erstes	physisch	unterstützt Ihre physische Gesundheit, Ihre körperlichen Bedürfnisse und Ihr Wohlbefinden; interagiert mit der materiellen Wirklichkeit
Zweites Drittes Viertes	psychisch	steuern Emotionen, Gedanken und Beziehungen; bauen Ihr psychisches Wohlbefinden auf

Fünftes	spirituell	steuern Kommunikation und
Sechstes		persönlichen Ausdruck, das
Siebtes		Senden und Empfangen von
		Einsichten und die spirituelle
		Identität

Wie könnten Ihnen diese Informationen nützlich sein, wenn Sie die in Teil 2 vorgestellten Techniken einsetzen? Wenn es um Heilung und Manifestation geht, ist es manchmal sehr schwer herauszufinden, wo man anfangen soll. Nehmen wir an, Sie möchten mehr Geld verdienen. Da Geld etwas Materielles ist, konzentrieren Sie sich bei Ihrer Chakra-Arbeit auf das erste Chakra.

Unstimmigkeiten in einer Beziehung? Hier könnte eines der psychischen Chakras ein guter Ausgangspunkt sein. Möchten Sie mit dem Göttlichen, den Engeln oder Ihrer höchsten Weisheit Kontakt aufnehmen? Hierfür sind die spirituellen Chakras am besten geeignet.

Wenn Sie sich nicht sicher sind, konzentrieren Sie sich am besten auf Ihr viertes Chakra, also auf das Herz-Chakra. Das Herz-Chakra ist der Mittelpunkt des Chakra-Systems, das Epizentrum oder der Treffpunkt der Energien aus den unteren und den oberen Chakras. Alle guten Dinge treffen sich im Herzen und alle höheren Ziele können durch die Kraft der Liebe erreicht werden.

Linke und rechte Seite

Chakras haben eine linke und eine rechte Seite, die sich am Körper orientiert. Das bedeutet, dass die linke Seite des jeweiligen Chakras auf der linken Seite Ihres Körpers liegt und die rechte Seite des Chakras auf Ihrer rechten Körperseite. Warum ist es so wichtig, sich daran zu erinnern? Weil jede Seite eines Chakras – und des Körpers – für Yin- oder Yang-Themen, also weibliche oder männliche Themen zuständig ist.

In der Regel beziehen sich weibliche Anliegen und Eigenschaften auf die linke Seite eines Chakras und des Körpers. Das Weibliche wird mit Adjektiven wie empfänglich, emotional, intuitiv und mitfühlend beschrieben. Umgekehrt wird die rechte Seite eines Chakras und des Körpers als männlich betrachtet und mit Eigenschaften wie dominant, aktiv, kraftvoll und eigenwillig in Verbindung gebracht. Was das Gehirn angeht, so steuert die rechte Gehirnhälfte die linke Seite des Körpers und die linke Gehirnhälfte die rechte Körperseite. Beide Seiten/Hälften müssen zusammenarbeiten, um eine ausgewogene Lebenseinstellung zu gewährleisten.

Die Chakras helfen uns, diesen ausgewogenen Zustand zu erreichen, indem sie Energie zwischen ihrer rechten und ihrer linken Seite austauschen. Manche Fachleute glauben, dass Energie über die linke Seite in das Energiesystem, einschließlich der Chakras, eintritt und über die rechte Seite wieder austritt. Das bedeutet, dass die linke Seite jedes Chakras Informationen aus der Welt empfängt und die rechte Seite Ihre Bedürfnisse und Botschaften in die Umgebung projiziert (Innovation Technologies, »Understanding Auras ...«).

Ich greife häufig auf mein Wissen über die linke und die rechte Seite zurück, wenn ich mit Klienten arbeite, da es mir genau zeigt, auf welche Seite eines Chakras ich mich konzentrieren sollte. Beispielsweise hatte ich einmal mehrere Sitzungen mit einem Klienten, der sich ständig Sorgen machte. Er hatte es schon mit Meditation, Atemübungen und beruhigenden Nahrungsergänzungsmitteln versucht, aber nichts schien seinen Körper, seine Seele und seinen Geist beruhigen zu können.

Wie wir in Kapitel 1 erfahren haben, ist das dritte Chakra für die Denkweise zuständig. Sorgen haben etwas damit zu tun, dass man sich Gedanken macht (und zwar zu viele). Also konzentrierte ich mich auf das dritte Chakra meines Klienten. Ich wusste, dass er zu viele gedankliche Informationen über die linke Seite dieses Chakras aufnahm und dass ihm auf der rechten Seite die praktischen Möglichkeiten fehlten, um diesen Überfluss an Informationen zu verarbeiten. Ich bat ihn wortwörtlich, seine Hände ein paar Minuten lang über die linke Seite seines Solarplexus zu legen. Er wurde sofort ruhiger. Feinstoffliche Energie hat Einfluss auf unsere Körperlichkeit, aber unsere physischen Handlungen können auch unsere feinstofflichen Energieströme verändern. Ich konnte ihn nicht unbedingt darum bitten, 24/7 ein aufgeklebtes Stück Stoff über der linken Seite seines Oberbauchs zu tragen, aber ich brachte ihm bei, wie man einen Filter über diesem Teil des Körpers visualisiert. Seine Tendenz, sich Sorgen zu machen, nahm deutlich ab.

Vorder- und Rückseite

Die meisten Chakras (und alle unsere beliebten sieben) haben eine Vorder- und eine Rückseite in Relation zum Körper. Das gilt sogar für das siebte Chakra. Man könnte sagen, dass die Vorder- und die Rückseite des Kronen-Chakras ineinander übergehen.

Üblicherweise nimmt die Rückseite eines Chakras Informationen auf und die Vorderseite strahlt sie aus. Die Rückseite steht auch in Verbindung mit dem Unterbewusstsein, dem Unbewussten und der Seele. Das bedeutet, dass die Rückseite eines Chakras Informationen ausfiltert und einbringt, die aus früheren Leben oder aus der Kindheit stammen, oder zusätzliche Faktoren wie etwa Daten vom äußeren Rad des jeweiligen Chakras.

Die Vorderseite eines Chakras gestaltet unser alltägliches Selbst. Sie offenbart der Welt unsere Persönlichkeit und weist sie an, wie sie uns behandeln soll. Sie ist von unserem bewussten Selbst programmiert und setzt unsere Entscheidungen um. Sie wird auch von der Energie beeinflusst, die durch die Rückseite in das Chakra eintritt.

Wenn ich einem Klienten helfen möchte, alltägliche Veränderungen in seiner Welt vorzunehmen, konzentriere ich mich auf die Vorderseiten seiner Chakras. Wenn ich den Klienten bei der Veränderung substanzieller Dinge unterstützen möchte, insbesondere in Bezug auf ein chronisches Problem, arbeite ich über die Rückseiten der Chakras. Hier ein Beispiel für Letzteres: Einmal hatte ich mit einer Klientin zu tun, die ständig Schulden hatte. Sie glaubte an feinstoffliche Energieheilung und hatte es bereits bei mehreren Anbietern versucht. Alle hatten sich auf die Vorderseite ihres ersten Chakras konzentriert. Logischerweise hatten sie das erste Chakra ausgewählt, weil es für Sicherheitsbedürfnisse zuständig ist und damit auch für Geld. Auch ich nahm mir dieses Chakra vor, bat sie aber nachzuspüren, wie sich dessen Rückseite anfühlte.

Sie sagte, es komme ihr vor wie »eingeklemmt« und »blockiert«. Während wir uns unterhielten, erinnerte sie sich an eine Familienlegende, einen Satz, der am heimischen Esstisch oft gefallen war. Ihre Eltern hatten gesagt, dass »nur schlechte Menschen reich werden«.

Ich fragte meine Klientin, ob sie bereit sei, diese Überzeugung zu ändern. Sie war bereit. Mit ihrer Erlaubnis legte ich also meine Hand auf ihren unteren Rücken und bat das Göttliche, heilende Energie in die Rückseite ihres ersten Chakras zu senden. Meine Klientin sprang fast vom Stuhl, denn die hereinkommende Energie war extrem stark. Ein Jahr später kam sie wieder bei mir vorbei, einfach um mir mitzuteilen, dass sie einen Weg aus den Schulden gefunden hatte und gerade dabei sei, ein Sparkonto anzulegen. Weil ihr Widerstand gegen den Geldfluss ein ererbtes Problem war, konnte es erst dadurch geklärt werden, dass wir auf der Rückseite ihres ersten Chakras arbeiteten.

Inneres und äußeres Rad

In den fünfundzwanzig Jahren, die ich mittlerweile mit Chakras arbeite, habe ich festgestellt, dass jedes Chakra aus zwei Rädern besteht, die für eine externe und interne Komponente

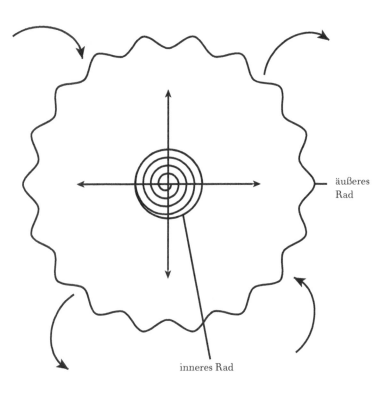

äußeres Rad

inneres Rad

Abbildung 4: Die beiden Räder eines Chakras

bzw. ein weltliches und ein spirituelles Programm stehen. Abbildung 4 zeigt ein einfaches Modell dieser beiden Räder.

Beide speichern Informationen. Man könnte auch sagen, dass sie Erinnerungen speichern. Diese Erinnerungen werden zu Programmen, ähnlich der Software auf einem Computer. Die Programme bilden ein Filtersystem, das bestimmt, welche Daten in ein Chakra gelangen und welche nicht. Die Erinnerungen helfen auch bei der Interpretation und Verbreitung der Daten. Der jeweilige Teil eines Chakras interagiert mit den Informationen, die zu seinem Schwingungsbereich passen, und entscheidet darüber, wie sich das Chakra basierend auf seinen Programmen dazu verhält.

Der Unterschied zwischen den beiden Rädern ist enorm – so signifikant, dass ich oft verblüfft bin, wenn ich sie vergleiche. Das äußere Rad enthält das Gedächtnis der eigenen Seele, Erinnerungen an frühere Leben, epigenetisches Material, Gene, das Familiensystem, Kindheitserinnerungen und Lebenserfahrungen. Das äußere Rad verwendet diese Dinge, um Programme zu erstellen, und zwar zu einem einzigen Zweck: um das Überleben zu sichern. Anpassung ist der Schlüssel zum Überleben.

Das klingt gut – zunächst. Immerhin geht es im Leben vor allem ums Überleben. Sie können Ihr höheres Selbst nur zum Ausdruck bringen, wenn Sie in einem Körper sind! Bevor Sie jetzt erleichtert aufatmen, möchte ich Ihnen das Personal vorstellen, das Ihr äußeres Rad überwacht.

Ihre Seele ist der Teil von Ihnen, der von Leben zu Leben reist und Erfahrungen sammelt. Mit Erfahrung kommt Weisheit – und es entstehen auch Wunden. Die Erfahrungen bilden die Grundlage für Ihr Karma oder Ihren Lehrplan – für das, was Sie gelernt haben und noch lernen müssen. Das bedeutet: Wenn Ihre Seele das äußere Rad eines jeden Chakras programmiert, in der Regel vor der Zeugung, bringt sie sowohl Weisheit als auch Wunden aus früheren Leben ein. Unglücklicherweise neigt die Programmierung in diesem äußeren Rad dazu, die kränkenden Ereignisse immer wieder neu zu erschaffen, egal ob wir Schmerzen zufügen oder ob sie uns zugefügt werden.

Wir erschaffen die Vergangenheit nicht immer wieder neu, um anderen oder uns selbst wehzutun. Karmisches (oder Seelen-)Denken geht so: »Wenn ich die gleichen negativen Erlebnisse und Menschen, die mich schon einmal verletzt haben, oder Situationen, in denen ich andere verletzt habe, erneut anziehe, habe ich die Möglichkeit, diesmal anders zu handeln.«

Das Problem ist nur, dass es ziemlich schwer ist, etwas anders zu machen, als man es gewohnt ist. Das heißt, dass unsere äußeren Chakra-Räder dazu tendieren, im Laufe des Lebens mehr und mehr Unbehagen und Beschwerden anzusammeln (oder auszulösen).

Ihr epigenetisches Material ist die biochemische Suppe, auch nicht codierende DNA genannt, die Ihre Gene umgibt. Dieses Material trägt die Erinnerungen Ihrer Vorfahren, einschließlich der Aufzeichnungen von Krankheiten, Traumen und Emotionen. Verschiebungen im epigenetischen Material schalten bestimmte Gene an und aus, und Gene sind das kodierte Material, das Ihrem Körper sagt, wie er sich verhalten soll. Eine Vielzahl von Krankheiten, Verhaltensweisen und psychischen Problemen wurden bereits mit epigenetischen Aktivitäten in Verbindung gebracht, darunter kognitive Dysfunktionen, Autoimmunerkrankungen, Krebs und mehr (Weinhold, »Epigenetics«).

All das bedeutet für die äußeren Räder Ihrer Chakras, dass Sie ständig unabsichtlich auf uralte Erinnerungen reagieren, von denen viele noch nicht einmal Ihre eigenen sind. Viele dieser Informationen sind nicht wirklich auf Ihr aktuelles Leben anwendbar, aber wenn »es losgeht«, sind Sie in jedem Fall davon betroffen.

Ein Beispiel: Ich habe einmal mit einer Klientin gearbeitet, die starke Nahrungsmittelallergien hatte. Eigentlich schien sie gegen fast alles allergisch zu sein, vom Essen über Tiergerüche bis hin zu Blumen. Nachdem ich ihre Epigenetik untersucht hatte, fragte ich mich, ob sie in Wirklichkeit nicht eher auf Allergien aus ihrem Familienstammbaum reagierte, als ganz persönliche Reaktionen zu zeigen. Im Laufe mehrerer Sitzungen wandten wir einige der in Kapitel 6 beschriebenen Techniken an, um die äußeren Räder der einzelnen Chakras zu klären und auszugleichen. Nach jeder Sitzung verringerten sich Anzahl und Schwere ihrer Allergien. Am Ende der Behandlung hatte sie nur noch eine Handvoll Allergien.

Die anderen Bestandteile der Formel für die äußeren Räder sind Ihr Familiensystem, Ihre Kindheit und Ihre später im Leben gemachten Erfahrungen. Alles, was Ihnen widerfährt – das Gute wie das Schlechte – kann eine Kerbe auf Ihrem äußeren Rad hinterlassen. Positive Programme helfen Ihnen, auf künftige Ereignisse positiv zu reagieren, negative weniger.

Das äußere Rad ist nicht schlecht. Wir müssen uns anpassen und einfügen, um zu überleben. Unsere Ahnen- und Familienwahrnehmung und die Lektionen, die wir von unseren Vorfahren gelernt haben, geben einen Kurs vor, der uns hilft, besser durch die vielen guten Gelegenheiten und Katastrophen des Lebens zu navigieren. Doch leider basieren viele dieser Programme auf Angst oder Scham und fördern die immer gleichen Reaktionen auf die Reize des Lebens.

Das innere Rad eines Chakras unterscheidet sich insofern stark vom äußeren, als es die Wahrheiten, Prinzipien und Programme Ihres Geistes enthält. Ihr Geist ist Ihr grundlegendes Selbst. Dieser Aspekt von Ihnen, auch wahres oder höheres Selbst genannt, steht wissentlich in Verbindung mit dem Göttlichen. Dieser Aspekt von Ihnen ist dem Dharma oder der spirituellen Integrität gewidmet, während Ihre Seele karmisch ist. Im Allgemeinen führen dharmische Entscheidungen zu mehr Leichtigkeit und Gnade als karmische.

Weil es diese Unterschiede zwischen den Chakra-Rädern gibt, arbeite ich gern mit den inneren Rädern, wenn ich Klienten helfen möchte, ihr höchstes Wesen und ihren Lebensweg zu verstehen. Beispielsweise hatte ich einmal mit einem sehr erfolgreichen Geschäftsmann zu tun, der sehr niedergeschlagen war. Er hatte alle seine finanziellen Ziele erreicht, aber er empfand sein Leben als sinnlos. Ich führte ihn zum inneren Rad seines Kronen-Chakras, das mit Spiritualität und spiritueller Bestimmung verbunden ist. Da erinnerte er sich, dass er als Kind Tiere geliebt hatte. Kurz nach unserer Sitzung begann er, sich als Freiwilliger in einer gemeinnützigen Tierrettungsorganisation zu engagieren, und fühlte sich wie neu.

Ich führe Heilungsarbeit am äußeren Rad durch, weil ich Klienten helfen möchte zu verstehen, wie und warum eine schwierige Situation entstanden sein könnte. Auch hier ein Beispiel: Einmal habe ich mit einer Frau mittleren Alters gearbeitet, die während ihres gesamten bisherigen Erwachsenenlebens etwa einmal im Jahr einen Autounfall gehabt hatte. Keiner dieser Unfälle war lebensbedrohlich gewesen; bei manchen hatte es nur ein paar Dellen gegeben. Das Problem war allerdings so konsistent, dass sie mittlerweile Angst hatte zu fahren.

Ich bat sie, sich auf den Behandlungstisch zu legen, und benutzte ein Pendel, um herauszufinden, welches Chakra diese Unfälle für sie bereithalten und sie damit so viel Energie kosten könnte. (Wie Sie ein Pendel einsetzen, erfahren Sie in Kapitel 4.) Bevor ich erkläre, was passiert ist, möchte ich etwas klarstellen: Ich glaube nicht, dass wir alle Krankheiten und Schwierigkeiten in unserem Leben selbst verursachen. Wir sind nicht für das verantwortlich, was andere Menschen tun oder nicht tun. Allerdings beeinflussen unsere Chakras die uns umgebenden Energiefelder und können so bestimmte Situationen anziehen. Die gute Nachricht ist: Wenn wir unsere feinstofflichen Energien verändern, können wir möglicherweise etwas von dem verändern, was in unserem Leben geschieht.

Das Pendel wies bei der Klientin darauf hin, dass das infrage kommende Chakra das vierte, das Herz-Chakra, war. Aus Kapitel 1 wissen Sie, dass das vierte Chakra etwas mit Beziehungen zu tun hat. Vor diesem Hintergrund fragte ich meine Klientin, ob es in ihrem Leben jemals eine Beziehung gegeben habe, die durch einen Autounfall zerstört worden sei. Sie wurde blass und sagte, ihr leiblicher Vater sei bei einem Autounfall ums Leben gekommen, als sie ein Jahr alt war. Sie war bei einem Stiefvater aufgewachsen, den sie sehr liebte. Aus Loyalität gegenüber ihrem Stiefvater hatte sie den Tod ihres Vaters nie wirklich emotional verarbeitet. Wir konzentrierten uns daher nun in mehreren Sitzungen auf das, was sie durch den Tod ihres Vaters verloren – und gewonnen – hatte. Das ist jetzt fünf Jahre her und sie hatte keinen weiteren Unfall mehr außer einem kleinen Blechschaden auf dem Parkplatz eines Supermarkts.

Wenn ich ratlos bin und nicht weiß, ob ich mich auf das innere oder äußere Rad eines Chakras konzentrieren soll, erbitte ich einfach die Energie des inneren Rades für das äußere Rad des Chakras. Das ist etwa so, als erbitte man Heilung vom göttlichen für den menschlichen Teil eines Menschen. Diese einfache Bitte, die mit Intention, Konzentration, im Gebet oder in der Meditation geäußert werden kann, hilft uns, das Schöne an unseren menschlichen Lektionen zu erkennen, und es fördert die Verkörperung unseres göttlichen Geistes auf allen Ebenen.

Chakra-Drehung

Wie im ersten Kapitel bereits angesprochen, kann sich ein Chakra im und gegen den Uhrzeigersinn drehen. Wenn Sie herausfinden wollen, wie sich das Chakra dreht, untersuchen Sie sein äußeres Rad. Das innere Rad ist ständig in Bewegung und steht gleichzeitig still, summend vor durchgeistigter Liebe. Manchmal bekommt man den Eindruck, dass das äußere Rad eines Chakras stillsteht, aber das ist eine optische Täuschung. So wie alles in ständiger Bewegung ist, ist es auch das äußere Rad.

Normalerweise wird die Drehrichtung von den Augen des Betrachters bestimmt. Das bedeutet: Wenn Sie sich ein Chakra anschauen, entweder von hinten oder von vorn, bewegt sich eine Drehung im Uhrzeigersinn nach rechts und eine gegen den Uhrzeigersinn nach links. Manche Praktizierende interpretieren die Drehung jedoch aus Sicht des Klienten. Wie Sie Ihren Stil wählen können, zeige ich Ihnen in Kapitel 4.

In der Regel gibt es keine falsche Drehrichtung für ein Chakra. Wenn es sich im Uhrzeigersinn dreht, bringt das Chakra normalerweise Energie herein. Wenn es sich gegen den Uhrzeigersinn dreht, gibt es üblicherweise Energie ab. Ein Chakra ändert meist mehrmals am Tag oder sogar stündlich seine Drehrichtung, und zwar je nach der Energie, die es verarbeitet. In Kapitel 5 erfahren Sie mehr über die wahre Natur der Chakra-Drehung in die eine oder andere Richtung.

In Kapitel 3 lesen Sie zudem, dass jedes Chakra mit einer ganz bestimmten Anzahl von Lotosblättern in Verbindung gebracht wird. Das hat unter anderem etwas mit der Chakra-Drehung zu tun und ist ein Ergebnis der Energie, die sich in ein Chakra hinein und aus ihm heraus bewegt. Weil jedes Chakra in seinem eigenen Frequenzbereich arbeitet und die entsprechende Frequenz auch ausstrahlt, sind sie von der Schwingung her alle verschieden, was bedeutet, dass sich ihre Wirbeltrichter in jeweils einzigartiger Geschwindigkeit drehen. Das Lotosmuster zeigt, wie die Wirbel aussehen würden, wenn sie vollkommen zum Stillstand gebracht würden.

Eine andere Frage, die sich in Zusammenhang mit der Chakra-Drehung stellt, ist, ob ein Chakra »offen« oder »geschlossen« ist. Dies ist eine der üblichen Fragen, die sich Heiler stellen, wenn sie ein Chakra untersuchen. Den meisten feinstofflichen Energieheilern, so auch mir, wurde beigebracht, offene Chakras anzustreben, die für ankommende Energien verfügbar und auch in der Lage sind, Energien freizusetzen. Wenn ein Chakra jedoch »zu offen« ist, kann es mit von außen kommenden Energien geradezu überflutet werden und die betreffende Person überfordern und regelrecht lahmlegen. Auf der anderen Seite kann ein »geschlossenes« Chakra zwar Schutz bieten, aber so stillgelegt sein, dass es seine Pflichten nicht erfüllen kann.

Ich glaube, dass die Bezeichnungen »offenes« und »geschlossenes« Chakra unglücklich gewählt sind. Zunächst einmal kann sich ein Chakra gar nicht vollständig schließen. Weil es immer in Bewegung ist, dreht es sich auch immer und ist daher immer für Energien verfügbar, die geteilt werden. Ein Chakra kann sich jedoch fortwährend zusammenziehen und erweitern, was es auch häufig tut.

Frontal oder von oben gesehen erscheint der Wirbel eines eher zusammengezogenen Chakras (bzw. dessen äußeres Rad) enger, dichter und in sich geschlossener. Ein eher zusammengezogenes äußeres Rad ist von Natur aus weder gut noch schlecht. Die Frage ist immer, wie gut oder schlecht es funktioniert.

Denken Sie einmal darüber nach: Wenn Sie einen verbal ausfallend werdenden Betrunkenen vor sich hätten, würden Sie vermutlich die Chakras auf der Vorderseite Ihres Körpers zusammenziehen, weil Ihnen das eher ein sicheres Gefühl gibt. Die Chakras auf der Körperrückseite würden vielleicht das Gleiche tun – oder sie würden sich ausdehnen, weil sie geistigen Beistand aufnehmen wollten, um dem Gegenüber eine ordentliche Standpauke zu halten. Wenn Sie hingegen im Garten arbeiten, dehnen sich höchstwahrscheinlich die Chakras auf der Vorder- und Rückseite Ihres Körpers aus. Auf diese Weise können Sie die nährende Energie der Natur besser in sich aufnehmen.

Chakras können aber auch unangemessen auf Reize reagieren. Sie können sich zusammenziehen, wenn sie sich eigentlich ausdehnen sollten, und ausdehnen, wenn sie sich eigentlich zusammenziehen sollten. Wenn sie sich zusammenziehen, obwohl sie es eigentlich nicht sollten, verschließen Sie sich und nehmen beispielsweise hilfreiche Unterstützung nicht an. Wenn sie sich ausdehnen, obwohl sie es eigentlich nicht sollten, fühlen Sie sich regelrecht überwältigt und absorbieren ungesunde Energien. Angemessene Reaktionen erfolgen, wenn die Programmierung einwandfrei ist. Wenn die Chakras ihre lebenserhaltende Funktion erfüllen, haben Sie starke feinstoffliche Energiegrenzen, das heißt, feinstoffliche Filter außerhalb des Körpers, die darüber entscheiden, welche Art von Energie in ein Chakra einritt und welche von dort ausgeht. Die wichtigsten dieser Filter, die Aura-Felder, werden später in diesem Kapitel beschrieben, weil sie sich direkt auf die Chakras beziehen. In Kapitel 9 wird dann eine Übung vorgestellt, die Ihnen hilft, klare feinstoffliche Grenzen zu setzen.

Die Chakra-Familie

Es ist zwar wichtig, die innere Struktur eines Chakras zu verstehen, aber ebenso wichtig ist es, die Chakras im Kontext anderer Energiestrukturen zu betrachten. In diesem Unterkapitel erfahren Sie etwas über die beiden anderen wichtigen feinstofflichen Energiestrukturen sowie über die verschiedenen zusätzlichen Bereiche, die alle zu Ihrem Wohle mit den Chakras interagieren. Auf sie wird in speziellen, in Teil 2 vorgestellten Übungen dann erneut Bezug genommen.

Insgesamt gibt es drei Hauptenergiestrukturen, welche die feinstoffliche Energieanatomie bilden, nämlich feinstoffliche Organe, Energiekanäle und Energiefelder. Wir schauen sie uns eine nach der anderen an.

Feinstoffliche Organe

Chakras und mehr

Die Chakras bilden zwar die wichtigste feinstoffliche Organ-gruppe, aber keineswegs die einzige. Es gibt in der Tat mehrere zusätzliche Energiekörper, die je nach Energiesystem unterschiedlich benannt werden. Viele dieser Energiekörper bilden auch verschiedene Realitätsebenen, die häufig außerhalb des Körpers als Schichten wahrgenommen werden. Diese Energiedomänen könnten eigene Chakras enthalten, aber die meisten Fachleute, die ich kenne, glauben, dass die rotierenden Spiralen der bekannten Chakras diese Schichten durchdringen. Ich gebe diese Informationen für den Fall weiter, dass Sie irgendeine dieser Schichten mithilfe der in Teil 2 vorgestellten Techniken erleben möchten. Das können Sie ganz einfach tun, indem Sie in einer Übung eine dieser Schichten oder Körper statt des jeweiligen Chakras einsetzen.

Hier einige dieser Körper oder Schichten:

- **Ätherischer Körper:** Diese Schicht, die manchmal auch Vitalkörper genannt wird, liegt unmittelbar außerhalb des physischen Körpers und interagiert mit dessen gesamter feinstofflicher Energieanatomie. In der Tat programmiert sie den physischen Körper und enthält Schablonen oder Mustervorlagen, die den Körper heilen können.
- **Emotionalkörper:** Diese Realitätsebene, die auch als Astralkörper oder Astralebene bezeichnet wird, bestimmt über unsere Wünsche, unsere Vorstellungen und unser psychisches Empfinden.

- **Mentalkörper:** Diese Ebene, die auch als intellektueller Körper bezeichnet wird, ermöglicht klares Denken, eine scharfe Intelligenz und ein ausgeprägtes Urteilsvermögen.
- **Kausalkörper:** Dieser Energiekörper, der auch als Seelenkörper bezeichnet wird, gestaltet unsere wahre Persönlichkeit, die uns von Leben zu Leben begleitet. Er wird auch als Gefäß unserer Unsterblichkeit betrachtet und speichert alles, was wir je gelernt haben.
- **Buddhakörper:** Diese Energieeinheit, die auch als intuitiver Körper bezeichnet wird, transzendiert den Geist und hilft uns, zwischen Wirklichem und Unwirklichem zu unterscheiden.

Kanäle für die feinstoffliche Energie

Nadis, Meridiane und ihre energetischen Partner

Die wichtigsten Kanäle für die feinstoffliche Energie sind nach indischer Überlieferung die Nadis. Je nach Quelle haben wir zwischen 72 000 und 340 000 Nadis. Glücklicherweise erkennen die meisten Systeme vierzehn lebensnotwendige und drei Haupt-Nadis an. Bei diesen drei, die in Abbildung 5 zu sehen sind, handelt es sich um folgende:

- **Sushumna:** Steigt durch die Wirbelsäule und daher auch mitten durch die entlang der Wirbelsäule aufgereihten Chakras nach oben.
- **Ida:** Dieser weibliche Nadi, der mit der linken Körperseite assoziiert ist, kreuzt Pingala in den Chakras.

- **Pingala:** Dieser männliche Nadi, der mit der rechten Körperseite in Verbindung steht, kreuzt Ida in den Chakras.

Unser ganzes Leben lang wird Prana, die natürliche Lebensenergie, über die Chakras und Nadis im gesamten Körper verteilt. An der Basis der Wirbelsäule zusammengerollt liegt eine schlangenartige Energie namens Kundalini, die auf ihren Einsatz wartet. Die Kundalini wird als göttlich-weibliches Licht aus Materie und Energie betrachtet. Sie wird auch Shakti genannt, und zwar nach der hinduistischen Göttin, die dem männlichen Gott Shiva zugeordnet ist. Shiva ist seinerseits latent im siebten Chakra vorhanden und steht für Geist und Bewusstsein.

Wenn sie aktiviert wird, erwacht die rote Shakti oder Kundalini-Schlange, streckt sich und klettert durch die Nadis und Chakras nach oben. Ihr Ziel als Shakti ist es, zu Shiva, ihrem Geliebten, zu gelangen und sich mit ihm zu vereinigen – oder wiederzuvereinigen, weil man davon ausgeht, dass sie bereits vereint waren.

Aus Sicht eines Kundalini-Eingeweihten sind Shakti und Shiva Metaphern für unser geteiltes Selbst, dessen Teile gleich überlebenswichtig sind. Wir sind materiell, menschlich und mächtig (Shakti). Wir sind aber auch immateriell, göttlich und bewusst (Shiva). Das erwünschte Ergebnis ist Erleuchtung, ein Zustand der Glückseligkeit. Energetisch betrachtet ist das Aufsteigen der Kundalini ziemlich physisch und beinhaltet das Aufwühlen elektrochemischer Energien, die das gesamte Nervensystem aktivieren, was wiederum

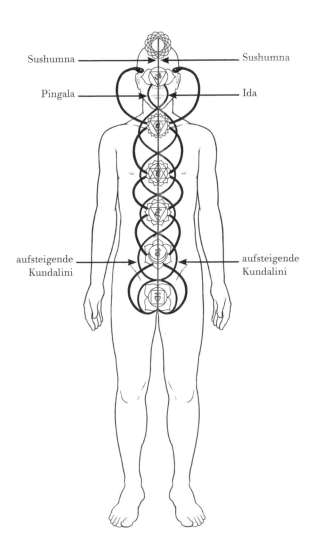

Abbildung 5: Die drei Haupt-Nadis und die Kundalini

hochgradig schockierende Auswirkungen haben kann, etwa Schmerzen, erhöhte Emotionalität, Krankheitsanfälligkeit und sexuelle Bedürfnisse sowie Identifikationsverwirrung, Persönlichkeitsveränderungen, aber auch Heilung, meditative Momente und gesteigerte Verliebtheit.

Energetisch wird dieses »Erwachen der Kundalini« durch Stimulation der Kundalini auf den Chakras verursacht. Wenn die Chakras geweckt werden, bringt die Kundalini unterdrückte Gefühle, nicht geheilte körperliche und geistige Störungen sowie Verwirrungen aller Art ans Licht und wirft spirituelle Fragen auf. All das muss behandelt werden, bevor der Aufstieg der Kundalini abgeschlossen werden kann.

Die Nadis sind mit ein Grund, warum sich die Chakras drehen. Chakras drehen sich, weil sie ständig mit den Energien des eigenen Körpers und der Umwelt interagieren, aber auch, weil ihre Bewegung immer dann stimuliert wird, wenn Prana oder die Kundalini-Energie durch die Nadis fließen. Wenn die Kundalini besonders aktiv ist, bewegen sich die Chakras fast brutal und sorgen damit für noch mehr Aufruhr im Leben.

Drei spezielle Blockaden muss die Kundalini auf dem Weg zum Kronen-Chakra überwinden. Diese Granthis (Knoten) müssen gelöst werden, damit die Kundalini weiterkommt. Der erste Granthi an der Basis der Wirbelsäule ist Brahma Granthi, benannt nach dem Gott der Schöpfung. Wir müssen die Sehnsüchte, die mit den Sinnen und dem Manifestieren zu tun haben, hinter uns lassen, um diesen Granthi zu lösen. Der zweite Granthi liegt im vierten Chakra und ist nach Vishnu benannt, dem Gott des Erhaltens und Bewahrens. Der

Eingeweihte muss bereit sein, an andere zu denken und nicht nur an sich selbst, wenn er diesen Knoten lösen will. Und schließlich Rudra Granthi. Er liegt im sechsten Chakra und bezieht sich auf den Gott der Zerstörung. Die Kundalini kann diesen Weg freimachen, sobald der Mensch höhere Wahrheiten für sich angenommen hat.

Aus hinduistischer Sicht führt der Weg der Erleuchtung durch fünf Schleier, Koshas genannt, die uns von unserem göttlichen Zustand trennen. Wir lassen diese Hüllen hinter uns, um mit dem Göttlichen zu verschmelzen. Diese miteinander verwobenen Schichten halten Lehrpläne für uns bereit und bieten uns Möglichkeiten, durch Lebenserfahrung weise zu werden. Die fünf Schichten sind:

- **Annamaya Kosha:** Der physische Körper. Das Leben in einem physischen Körper lehrt uns, unseren eigenen Körper ebenso zu respektieren wie den Körper und das Eigentum anderer.
- **Pranamaya Kosha:** Der Atem- oder Lebenskraftkörper. Diese unsichtbare Hülle wird aktiviert, indem wir unseren Atem mit dem physischen Körper in Einklang bringen.
- **Manomaya Kosha:** Der Mentalkörper. Diese Schicht fordert uns auf, mentale Verantwortung zu übernehmen – unsere negativen Gedanken zu beruhigen, statt sie auszuagieren, und so unsere Nerven zu schonen.
- **Vijanamaya Kosha:** Der Weisheitskörper. Dieser feinstoffliche Körper schärft unsere bewusste Wahrnehmung für Wahrheiten.

- **Anandamaya Kosha:** Der Glückseligkeitskörper. Diese Hülle wird aktiviert, sobald wir uns erlauben, die Schönheit und Wahrheit eines jeden Moments zu erfahren.

In Teil 2 lernen Sie eine Übung kennen, mit der Sie sich die Koshas zunutze machen können. Ich stelle ganz bewusst keine Kundalini-Übung vor, weil diese Energie für einige Menschen oder Lebenssituationen zu stark sein kann. Wissen sollten Sie jedoch, dass jede Chakra-Arbeit die Kundalini-Energie beruhigt, die Granthis lösen hilft und ein sicheres Wecken der Kundalini ermöglicht.

Bisher haben wir uns auf feinstoffliche Energien, Energiekanäle und damit in Verbindung stehende Energiekonstrukte aus der indischen Tradition konzentriert. In der Traditionellen Chinesischen Medizin (TCM) heißen die Kanäle für die feinstoffliche Energie Meridiane statt Nadis. Die Lebensenergie der TCM heißt Chi, was dem Sanskrit-Begriff Prana entspricht.

Die bekanntesten feinstofflichen Bereiche der TCM sind die Akupunkturpunkte. Sie liegen entlang der Meridiane und dienen als Zugänge, über die eine Person mit den Meridianen interagieren kann. Dieser Prozess wird häufig mit Massage, Akupressur und Akupunktur in Gang gesetzt. Manche Anwender glauben, dass Nadis und Meridiane identische Kanäle sind. Andere Experten halten sie für unterschiedliche Energiebahnen. Manche Menschen setzen die Akupunkturpunkte mit Chakras gleich. Andere glauben, dass es da große Unterschiede gibt. Wie auch immer, die Ansicht, dass der physische Körper von feinstofflichen Organen und Kanälen für die feinstoffliche Energie durchzogen ist, wird auf der ganzen Welt geteilt.

Feinstoffliche Energiefelder

Die dritte Komponente der feinstofflichen Anatomie bilden die feinstofflichen Energiefelder. Der Körper strahlt tatsächlich zahllose Energiefelder aus. Das bekannteste feinstoffliche Feld ist als menschliches Energiefeld oder menschliche Aura bekannt. Sie ist in Abbildung 6 dargestellt.

Die Aura ist eigentlich eine Emanation der Chakras. Jedes Chakra generiert ein Partner-Aura-Feld, das als energetischer Filter und schützende Grenze für dieses Chakra und für das ganze Selbst aus Körper, Seele und Geist fungiert. Das Chakra programmiert das mit ihm in Verbindung stehende Feld basierend auf Informationen sowohl von seinem inneren als auch von seinem äußeren Rad, und das Aura-Feld »entscheidet« dann, welche Energien hereingelassen, absorbiert oder abgelenkt werden. Das Aura-Feld sendet auch Energiebotschaften in die Welt.

Die Aura-Felder umgeben den Körper aufeinanderfolgend. Beispielsweise entspricht das erste Chakra dem ersten Aura-Feld, das in und direkt auf der Haut liegt. Das zweite Chakra steht in Wechselwirkung mit dem zweiten Aura-Feld, das über dem ersten liegt, und so weiter. Viele Menschen machen Chakra-Arbeit in den Aura-Feldern, was die gleiche Wirkung hat, weil die Ergebnisse in die entsprechenden Chakras über-

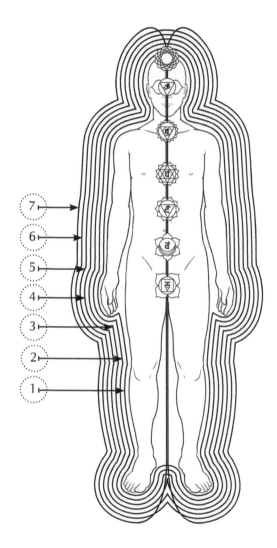

Abbildung 6: Die sieben Aura-Felder

tragen werden. In Teil 2 lernen Sie einige Übungen kennen, in denen mit den Aura-Feldern gearbeitet wird.

Die Chakras sind wirklich wunderschön arrangiert, jedes einzelne ein strukturiertes Organ der Anmut und Komplexität. Sie sind, wie Sie nun wissen, auch Teil einer größeren Familie. Wie Sterne scheinen sie voneinander unabhängig zu sein, gehören aber doch zu einer Konstellation, die große Kraft ausstrahlt. Im nächsten Kapitel lernen Sie jedes einzelne dieser erstaunlichen Chakras als das Individuum kennen, das es auch ist.

✳ ✳ ✳ ✳

Zusammenfassung

Chakras sind individuelle Einheiten mit der gleichen Struktur. Sie operieren jeweils in ihrem eigenen Frequenzbereich und erzeugen Trichterwirbel auf ihrer Vorder- und Rückseite, die sich im und gegen den Uhrzeigersinn drehen können. Die Vorderseiten der Chakras verwalten Ihre alltägliche Realität, während die Rückseiten auf historische, unterbewusste und andere uralte und sogar mystische Informationsquellen zugreifen.

Die linke Seite jedes Chakras ist für weibliche Angelegenheiten zuständig, die rechte für männliche. Außerdem hat jedes Chakra ein äußeres Rad, das Anpassung und Überleben ermöglicht, und ein inneres Rad, das eine spirituelle Dimension ins Spiel bringt.

Chakras operieren jedoch nicht im leeren Raum. Sie bilden eine von drei Hauptstrukturen in der feinstofflichen Energieanatomie, zu der auch feinstoffliche Energiekanäle und Energiefelder gehören. Abgesehen davon gibt es in der Gesamtanatomie einige andere unterstützende energetische Strukturen. Kundalini ist ein Name für die besondere Energie, die dieses ganze System aktiviert und ein höheres Funktionsniveau verlangt. Insgesamt bildet dieses System ein komplexes Energienetzwerk, das ebenso stark ist wie die Anatomie des physischen Körpers, mit dem es in Wechselwirkung steht.

✳ ✳ ✳ ✳

Kapitel 3

Die sieben klassisch-
indischen Chakras

Die sieben innerkörperlichen Chakras, die üblicherweise als das klassische oder orthodoxe indische System bezeichnet werden, bilden die Grundlage unseres Wissens über die Chakras. Über diese sieben Chakras sind wir in unserem Leben verwurzelt und wachsen zu den Wesen heran, die zu werden uns bestimmt ist.

Dieses Kapitel entschleiert diese sieben Chakras. Unser Wissen über sie hat sich im Laufe der Jahrhunderte entwickelt und unsere Wahrnehmung von ihnen hat sich verändert: ausgehend von Wagenrädern, die durch den Staub rollen, bis hin zu komplexen Gefäßen für Licht, Klang, Energie und Bewusstsein. In diesem Kapitel werden sowohl uralte als auch neuere Sichtweisen vorgestellt. Ich habe die Komponenten ausgewählt, die für die Übungen in Teil 2 am besten zugänglich sind. Wie auch immer Sie es betrachten, jeder Aspekt eines Chakras wirft ein Licht auf Ihr sich entwickelndes Selbst.

Ein Blick auf die Chakras

Auf wie viele Weisen können wir ein Chakra untersuchen und erklären? Dieses Kapitel wirft ein Schlaglicht auf verschiedene traditionelle und moderne Aspekte, nämlich die folgenden:

Sanskrit-Name: Jedes Chakra trägt einen Sanskrit-Namen, der eine bestimmte Bedeutung hat.

Lage: Die Beschreibung bezieht sich auf eine Körperregion, ein zugeordnetes Nervengeflecht und wichtige physische Strukturen in unmittelbarer Nähe.

Aufgaben: Hier werden die Aufgaben des Chakras kurz zusammengefasst.

Farbe: Die Farbe bezieht sich auf den Frequenzbereich, in dem das Chakra operiert und dessen Schwingung es aussendet.

Zugeordnete Drüse: Alle Chakras stehen mit einer endokrinen oder Hormondrüse in Verbindung; die Aufgaben der jeweiligen Drüse werden auch kurz beschrieben.

Zugeordnete Körperregionen: Beispiele für mit dem Chakra in Verbindung stehende Körperstrukturen und Organe und deren Funktionen.

Zugeordnete Krankheiten: Bestimmte Krankheiten und gesundheitliche Probleme können einzelnen Chakras zugeordnet werden. Einige von ihnen werden hier kurz vorgestellt.

Aktivierung des Chakras: Viele Experten glauben, dass jedes Chakra in einem bestimmten Zeitraum vollkommen wach und aktiv ist. Diese Information kann Ihnen helfen, physische, psychische oder spirituelle Probleme mit einem Chakra in Verbindung zu bringen und darüber herauszufinden, in welchem Alter sie möglicherweise erstmals aufgetreten sind. Vorgestellt werden die bekanntesten indischen Annahmen sowie mein eigener Standpunkt zu diesem Thema. Letzterer basiert auf meinen Forschungen und den Erfahrungen, die ich in meiner Arbeit gemacht habe.

Psychologische Funktionen: Die emotionalen und mentalen Funktionen des Chakras. Der psychologische Beitrag des jeweiligen Chakras und seine negativen Muster werden kurz dargestellt. Dann wird angesprochen, wie es sich anfühlt, wenn das Chakra im Gleichgewicht ist.

Archetypen: Symbole, welche die positiven und negativen Aspekte der Chakras versinnbildlichen. Diese Archetypen tauchen in vielen der in Teil 2 vorgestellten Übungen auf.

Herrschender Gott: Klassische und tantrische Traditionen weisen jedem Chakra einen hinduistischen Gott zu (oder auch mehrere). Dieser Gott kann angerufen werden, während man mit dem Chakra interagiert.

Herrschende Göttin: Jedem Chakra wird auch eine hinduistische Göttin (oder mehrere) zugewiesen (siehe oben).

Herrschender Planet: Ein bestimmter Planet beeinflusst ein Chakra mehr als andere. Dieser Teil bringt die im Westen bekannten Planeten mit den verschiedenen Chakras in Verbindung und greift dabei auf die bekanntesten Assoziationen zurück. Sie können diese Informationen auch für Ihre astrologischen Deutungen nutzen.

Granthi: Diese energetischen »Knoten«, die mit drei Chakras in Verbindung gebracht werden, müssen gelöst werden, damit die Kundalini durch die Chakras nach oben steigen kann.

Komponenten: Die meisten Chakras werden mit einem Element in Verbindung gebracht. Elemente sind die Komponenten der Wirklichkeit. In Indien gibt es fünf physische oder grobstoffliche Elemente, *Bhutas* genannt, und zwar Erde (*Prithvi*), Wasser (*Jala*), Feuer (*Agni*), Luft (*Vayu*) und Äther (*Akasha*). Diese Elemente werden in Zusammenhang mit den Chakras wie folgt näher beschrieben:

- **Grobstoffliches Element:** Das physische Element, das mit einem Chakra in Verbindung gebracht wird, wenn vorhanden.
- **Farbe des Elements:** Jedes Element wird mit einer Farbe beschrieben. Oft ist das eine andere Farbe als die Grundfarbe des Chakras, aber sie mischt sich mit den wesentlichen Schwingungen des Chakras und unterstützt sie. Sie können sich auf die Farbe des Elements konzentrieren, wenn Sie das Chakra stärken möchten.
- **Klang des Elements:** Dieser Klang, auch Keimsilbe oder Bija-Mantra genannt, wird von dem Element im entsprechenden Chakra erzeugt und kann zum Klären, Ausgleichen, Heilen und Manifestieren über ein Chakra eingesetzt werden.
- **Träger der Keimsilbe:** Dies ist ein Tier, das die Keimsilbe trägt. Es symbolisiert eine bestimmte Eigenschaft,

die über das Chakra zugänglich ist. Sie können sich den Träger der Keimsilbe vorstellen, wenn Sie zum Zweck der Stärkung mit dem Chakra arbeiten.

- **Blütenblätter des Lotos:** Chakras werden als Lotosblüten oder *Padmas* mit einer bestimmten Anzahl von Blütenblättern dargestellt. In diesen Blütenblättern spiegeln sich die mit den Chakras assoziierten Nadis wider. Die Bewegung der Energie in den Nadis ist mitbestimmend für die Drehung der Trichterwirbel des jeweiligen Chakras. (Die Blütenblätter werden häufig mit weiteren Klängen, Buchstaben, Gottheiten, Bedeutungen und mehr in Verbindung gebracht, doch das ist nicht Gegenstand dieses Buches.)

Symbolik/Yantra: Chakras werden mit verschiedenen Symbolen erklärt. Das traditionellste ist das *Yantra*, bestehend aus mehreren Symbolen in einem geometrischen Muster. Sie können das entsprechende Yantra nutzen, wenn Sie sich in der Meditation auf ein Chakra konzentrieren.

Geistige Fähigkeiten: Dieser Punkt stellt ein paar der mit dem jeweiligen Chakra assoziierten geistigen oder außersinnlichen Fähigkeiten vor.

Assoziiertes Aura-Feld: Jedes Chakra steht mit einem Aura-Feld in Verbindung – oder generiert ein solches Feld. Sie können auch mit dem jeweiligen Aura-Feld arbeiten, um das Chakra zu stärken, weil sich dessen Themen darin widerspiegeln.

Muladhara
Das erste indische Chakra

Das Muladhara-Chakra wird oft auch Wurzel-Chakra oder Basis-Chakra genannt. Das überrascht nicht, denn es ist tief in unserem Erbe verwurzelt und bildet die Grundlage für unsere persönliche Identität.

Dieses hochgradig interaktive Chakra ist das Nest der schlafenden Kundalini, die zusammengerollt dort liegt, bis sie aktiviert wird. Es ist auch der Ursprung von Ida, Pingala und Sushumna, den drei Nadis, die unser *Prana* (unsere Lebensenergie) tragen und auch die Kundalini, wenn sie erwacht. Ganz allgemein gesagt ist Muladhara unser Primärzentrum, zuständig für unsere Sicherheit und unsere Grundbedürfnisse. Es wird auch als Eintrittspunkt für unser Seelenkarma betrachtet, die Themen, die wir von Leben zu Leben mitnehmen. Durch dieses Chakra können wir unsere Energie in Richtung Karriere und finanziellen Erfolg lenken, primäre und sexuelle Beziehungen eingehen und uns physisch in der Welt zum Ausdruck bringen.

Sanskrit-Name: Das Wort *Muladhara* ist aus den Silben *mul* (»Basis«) und *adhara* (»Stütze«, »Halt«) zusammengesetzt. Dieses Chakra hält unsere Alltagsexistenz aufrecht.

Lage: Dieses Chakra ist in der Basis der Wirbelsäule verankert, steht in Verbindung mit dem sakrokokzygealen Nervengeflecht und wird üblicherweise als in der Hüft- oder Leistenregion verortet beschrieben.

Aufgaben: Körperlichkeit und Überleben.

Farbe: Rot.

Zugeordnete Drüse: Nebennieren, die Stress regulieren oder auf Stress reagieren.

Zugeordnete Körperregion: Muladhara steuert die Hüften, Knochen, Muskeln, Gelenke, Steißbein und Steißbeinwirbel, Blase, Anus, Rektum, Dickdarm und ganz allgemein das Ausscheidungssystem und die unteren Extremitäten. Es tut sich auch mit anderen Chakras zusammen, um die Prostata, die Nieren und die Genitalien zu verwalten.

Zugeordnete Krankheiten: Denken Sie an den Hüftbereich, die Muskeln und die unteren Extremitäten, und schon kennen Sie die meisten gesundheitlichen Probleme, die dem ersten Chakra zugeordnet sind, darunter Hämorrhoiden, Verstopfung, Ischias-Beschwerden, Fibromyalgie, chronische Müdigkeit und Essstörungen. Auch Probleme in den Beinen (wie Krampfadern sowie Knie- und Fußprobleme), Arthritis, Hautprobleme und Erkrankungen der Knochen, des Darms, der unteren Wirbelsäule und mehr sind hier zu nennen. Alle lebensbedrohlichen Probleme, von Süchten bis hin zu tödlichen Krankheiten, haben etwas mit dem ersten Chakra zu tun.

Aktivierung des Chakras: Dem indischen System zufolge findet die Aktivierung dieses Chakras im Alter von ein bis acht Jahren statt. In meinem System erfolgt sie von der Zeit im Uterus bis zum Alter von sechs Monaten.

Psychologische Funktionen: Sicherheit ist das Hauptanliegen von Muladhara. Unsere Fähigkeit, uns sicher und geborgen zu fühlen, ist jedoch stark von der Gewissheit abhängig, dass wir es verdienen zu existieren. Wenn unsere kindlichen Bedürfnisse nicht befriedigt wurden, können sich die Grundgefühle Angst, Wut, Traurigkeit, Freude und Ekel leicht in Gefühle des Verlassenseins, des Schreckens, der Verzweiflung, der Scham, der Schuld und der unerfüllten Sehnsucht verwandeln. Wenn wir andererseits in der Kindheit Rückhalt und Unterstützung erfahren, sind wir eher zufrieden und selbstbewusst.

Archetypen: Der positive Archetyp ist die Mutter, die mütterliche Energie der Liebe, der Versorgung und des Mitgefühls. Der negative Archetyp ist das Opfer, das andere mit seinem Selbstmitleid in ein Netz der Manipulation verstrickt.

Herrschender Gott: Brahma, der Schöpfer der Welt.

Herrschende Göttin: Dakini, die Shakti (Gefährtin) Brahmas. Sie ist die Türhüterin der physischen Wirklichkeit.

Herrschender Planet: Saturn, der uns lehrt, wie man in der realen Welt Grenzen setzt.

Granthi: In Muladhara liegt Brahma Granthi, der Knoten Brahmas, angesichts dessen wir uns fragen müssen, ob wir uns von der Illusion verabschieden können, dass die Erde ein Gefängnis ist, und anfangen können, sie zum Himmel auf Erden zu machen.

Komponenten: Die wichtigsten Komponenten dieses Chakras sind:

- **Grobstoffliches Element:** Erde, das niederste unter den Elementen; es kann mit allen fünf Sinnen erfasst werden.

- **Farbe des Elements:** Gelb.
- **Klang des Elements:** Lam.
- **Träger der Keimsilbe:** Der Elefant (Airvata). Er steht für Überfluss und Weisheit.
- **Blütenblätter des Lotos:** Der Lotos hat vier rote Blütenblätter.

Symbolik/Yantra: Das Yantra (repräsentatives Symbol) ist ein gelbes Quadrat, umgeben von vier roten Blütenblättern. In diesem Quadrat ist ein Dreieck mit der Spitze nach unten dargestellt und darin wiederum das Bija- oder Keimsilbensymbol.

Geistige Fähigkeiten: Zu den außersinnlich-intuitiven Fähigkeiten von Muladhara gehören physische Empathie (Erspüren der Körperempfindungen oder körperlichen Bedürfnisse anderer), Psychometrie (Erwerb von Wissen durch Berührung), Telekinese (Bewegen von Objekten mit Geisteskraft), Levitation (Objekte in der Luft schweben lassen), Pyrokinese (Feuer legen mit Geisteskraft), Wünschelrutengehen (das Finden von Objekten oder Wasser im Boden), Klarfühlen (fühlen, was nicht direkt präsent ist), Klarschmecken (riechen/schmecken, was nicht direkt da ist) und mehr.

Assoziiertes Aura-Feld: Das erste Aura-Feld liegt direkt unter und unmittelbar auf der Haut.

Svadhisthana
Das zweite indische Chakra

Wenn Muladhara unser Wurzelwerk ist, ist Svadhisthana – auch Sakral-Chakra genant – die blühende Pflanze, zu der wir werden. Und was sind die Früchte der Liebe, wenn nicht Emotionen und Kreativität?

Über dieses Chakra nehmen wir unsere Gefühle wahr und würdigen auch die Gefühle anderer, indem wir das Element Wasser einsetzen, um es in unsere Beziehungen fließen zu lassen und unsere Kreativität damit zu nähren. Durch dieses Chakra können wir unsere Sinnlichkeit genießen und unsere Welt mit Bedeutung und Erfahrungen erfüllen.

Sanskrit-Name: Das Wort *Svadhisthana* ist aus zwei Begriffen zusammengesetzt: *Sva* bedeutet »Selbst« und *adhisthana* »Wohnsitz« oder »Residenz«. Demnach bedeutet *Svadhisthana* »Wohnsitz des Selbst«.

Lage: Dieses Chakra ist im Abdomen verankert, liegt aber hauptsächlich im oberen Bereich des Kreuzbeins, jenes dreieckigen Knochens am unteren Ende der Wirbelsäule zwischen den Hüftknochen. Das zugehörige Nervengeflecht ist entweder der Sakralplexus, der Plexus hypogastricus inferior oder der Plexus venosus prostaticus.

Aufgaben: Emotionen und Kreativität.

Farbe: Orange.

Zugeordnete Drüsen: Die dem zweiten Chakra zugeordneten Drüsen sind die Keimdrüsen, speziell die Hoden bei

Männern, die Testosteron und Sperma produzieren, und die Eierstöcke bei Frauen, in denen Eizellen gespeichert und Östrogen und Progesteron erzeugt werden.

Zugeordnete Körperregionen: Dieses Chakra beherrscht die Geschlechtsorgane Uterus, Vagina, Gebärmutterhals und Hoden; das Becken und die Lendenwirbel; den Blinddarm und den Dünndarm sowie Teile der Prostata, die Nieren und die Verdauungsorgane.

Zugeordnete Krankheiten: Die Hauptprobleme betreffen die Geschlechtsorgane und die Harnwege, ebenso die Menstruation, den unteren Rücken, sexuelle Dysfunktionen sowie alle Darmprobleme, wie Kolitis, Divertikulitis und andere, die auf »itis« enden.

Aktivierung des Chakras: Nach dem indischen System öffnet sich dieses Chakra im Alter von acht bis vierzehn Jahren. In meinem System liegt dieser Zeitraum zwischen sechs Monaten und zweieinhalb Jahren.

Psychologische Funktionen: Svadhisthana ermöglicht Bindung und unterstützt unsere Fähigkeit, Beziehungen aufrechtzuerhalten. Und was ist die Essenz der Bindung? Natürlich die Gefühle. Durch unser zweites Chakra wissen wir, was wir fühlen, und können die Gefühle anderer nachempfinden. Wir können auch unserer sinnlichen Natur Genüge tun, indem wir in Stimmungen, Aromen und Empfindungen schwelgen, die uns das Gefühl geben, lebendig zu sein. Gefühle bilden die Basis für unsere kreativen Neigungen und Ausdrucksformen, ob es sich nun um das Malen mit Farben oder fantasievolles Denken handelt. Gefühle können aber auch die Ursache für Depression, Angst, Gier, Neid, Schuld-zuweisung, Scham und Selbsthass werden.

Archetypen: Der positive Archetyp ist der Kaiser oder die Kaiserin. Er oder sie steht für unsere Fähigkeit, unsere Wünsche zu beherrschen. Der negative Archetyp ist der Märtyrer, der die Emotionen anderer zum eigenen Vorteil manipuliert. .

Herrschender Gott: Entweder Brahma, die höchste Gott-heit als Schöpfer des Wissens, oder Vishnu, der Erhalter.

Herrschende Göttin: Rakini, eine Form der Shakti und die Inspiration von Kunst und Musik.

Herrschender Planet: Pluto, der Verwandler.

Granthi: Keiner.

Komponenten: Dies sind die Hauptkomponenten des zwei-ten Chakras:

- **Grobstoffliches Element:** Wasser.
- **Farbe des Elements:** Transparent, Weiß oder Hellblau.
- **Klang des Elements:** Vam.
- **Träger der Keimsilbe:** Das Krokodil (Makara), das Un-sichtbare, das (wie unsere Sehnsüchte) unter Wasser liegt.
- **Blütenblätter des Lotos:** Der Lotos hat sechs orangerote Blütenblätter.

Symbolik/Yantra: Das Yantra enthält eine Sichel, die den Mond symbolisiert, in einem Kreis, der für das Wasser steht.

Geistige Fähigkeiten: Zu den außersinnlich-intuitiven Fä-higkeiten dieses Chakras gehören Empathie (die Fähigkeit, die Gefühle anderer nachzuempfinden), Vorahnungen (Wissen über etwas, das geschehen wird), Klarschmecken/-riechen und Klarfühlen (Fühlen und Wahrnehmen, was nicht direkt vorhanden ist).

Assoziiertes Aura-Feld: Das zweite Aura-Feld liegt direkt über dem ersten.

Manipura
Das dritte indische Chakra

Manipura liegt in unserem Solarplexus und steuert das Verdauungssystem. Aber dieses Chakra macht noch viel mehr, als Nahrung zu verdauen und zu assimilieren. Es wird auch als Gehirn des Körpers betrachtet, denn es nimmt außersinnliche Informationen auf und organisiert lineare Daten. So hilft es uns, Gedanken zu formulieren, die unser Leben regeln. Diese Brutstätte der Überzeugungen prägt unser Berufsleben, unser Selbstwertgefühl und unseren materiellen Erfolg.

Sanskrit-Name: Das Wort *Manipura* ist zusammengesetzt aus *mani* für »Juwel« und *pura* für »Stadt« oder »Wohnsitz«.

Lage: Weil es im Solarplexus, also im Bereich des Epigastriums (zwischen Rippenbogen und Bauchnabel) verankert ist, wird dieses Chakra oft Solarplexus-Chakra oder Nabel-Chakra genannt.

Aufgaben: Denkweise, persönliche Macht, Willenskraft.

Farbe: Gelb.

Zugeordnete Drüse: Bauchspeicheldrüse, die Insulin und verschiedene Verdauungsenzyme produziert.

Zugeordnete Körperregionen: Manipura steuert Verdauungsorgane und Verdauungssystem, die Atmung, das Zwerchfell, die Mitte der Wirbelsäule, Dünndarm, Haut und Teile der Nieren.

Zugeordnete Krankheiten: Manipura-Probleme betreffen häufig das Verdauungssystem und können die Ursache für Diabetes, Pankreatitis, Magengeschwüre, Nahrungsmittelunverträglichkeiten, Reflux, Hypoglykämie und andere Erkrankungen sein. Dieses Chakra ist auch an Hepatitis, chronischer Müdigkeit, Dystonie und niedrigem Blutdruck beteiligt.

Aktivierung des Chakras: Nach dem traditionellen indischen System öffnet sich dieses Chakra im Alter von vierzehn bis einundzwanzig Jahren. In meinem System öffnet es sich im Alter von zweieinhalb bis viereinhalb Jahren.

Psychologische Funktionen: Manipura ist ein Sammelbecken der Gedanken und Überzeugungen, die sich zusammentun und Gewohnheiten und Verhaltensmuster bilden, die wiederum Urteile, Meinungen und Handlungen hervorbringen. Außerdem verschmelzen die Gedanken aus dem dritten Chakra mit den Gefühlen aus dem zweiten, um unsere Emotionen zu schmieden. Gesunde Emotionen bilden die Grundlage für persönliche Macht, Selbstachtung, Selbstvertrauen und Erfolg in der Welt. Doch wenn unsere Emotionen unangemessen oder ungesund sind, können wir kritisch, manipulierend und kontrollierend werden.

Archetypen: Der positive Archetyp ist der Krieger, der dem Leben mit Mut und Stärke begegnet. Der negative Archetyp ist der Diener, der sich in den Wünschen anderer verliert.

Herrschender Gott: Rudra ist die wütende Form von Shiva und repräsentiert die Macht der Zerstörung.

Herrschende Göttin: Lakini Shakti ist die mitfühlende Form der Kali, der wilden und grausamen Göttin.

Herrschender Planet: Die Sonne, die füher als Planet galt, spiegelt Individualität und Ausdrucksfähigkeit wider.

Granthi: Keiner.

Komponenten: Die Hauptkomponenten von Manipura sind:

- **Grobstoffliches Element:** Feuer.
- **Farbe des Elements:** Rot.
- **Klang des Elements:** Ram.
- **Träger der Keimsilbe:** Der Widder vermittelt Eigenschaften wie Macht, Stärke und Mut.
- **Blütenblätter des Lotos:** Manipura hat zehn Blütenblätter.

Symbolik/Yantra: Das Zentrum dieses Yantras ist ein nach unten weisendes Dreieck in einem Kreis.

Geistige Fähigkeiten: Zu den außersinnlich-intuitiven Fähigkeiten von Manipura gehören Klarwissen (mentale Empathie) und Pyrokinese (Feuer legen mit Geisteskraft).

Assoziiertes Aura-Feld: Das dritte Aura-Feld umschließt das zweite.

Anahata

Das vierte indische Chakra

Anahata, oft auch Herz-Chakra genannt, gilt als Mittelpunkt des Chakra-Systems und als Zentrum unseres wahren Selbst. Es gibt viele Lektionen des Herzens zu lernen, darunter sich selbst und andere zu lieben und der Sehnsucht des eigenen Herzens zu folgen. Im Herzen findet die wahre Alchemie der Kundalini statt. Blei (das, was uns verwundet hat) wird in Gold (die Weisheit, die wir gewonnen haben) verwandelt.

Sanskrit-Name: *Anahata* bedeutet »nicht angeschlagener Klang« sowie »unverletzt« und »ungeschlagen«.

Lage: Anahata steht in Verbindung mit dem Herzgeflecht und liegt zwischen den Brüsten in der Herzregion.

Aufgaben: Liebe und Heilung.

Farbe: Grün.

Zugeordnete Drüse: Anahata wird üblicherweise mit dem Herzen, dem Zentrum des Herz-Kreislauf-Systems, in Verbindung gebracht. Manche Experten verorten es in der Thymusdrüse, die das Immunsystem stärkt. Der Thymus liegt im oberen Brustbereich.

Zugeordnete Körperregionen: Das vierte Chakra dient dem Herzen, dem Kreislaufsystem, der Lunge, den Rippen, den Brüsten, den Schultern, den Armen, den Händen, dem Blut, dem mittleren Rücken sowie Teilen des Zwerchfells und der Speiseröhre.

Zugeordnete Krankheiten: Beschwerden oder Erkrankungen, die Herz, Kreislaufsystem, Lunge, Brüste, Herzbeutel, Rippen, Brustwirbelsäule, Thymus, oberen Rücken, Schultern und Arme betreffen.

Aktivierung des Chakras: Der indischen Philosophie zufolge öffnet sich dieses Chakra im Alter von einundzwanzig bis achtundzwanzig Jahren. In meinem System erwacht es im Alter von viereinhalb bis sechseinhalb Jahren.

Psychologische Funktionen: Das Herz verwaltet die höheren Emotionen und Tugenden und lenkt uns so, dass wir wertschätzend, dankbar und mitfühlend werden. Ein Mangel an Selbstliebe und die mangelnde Fähigkeit, andere wirklich zu lieben, kann zu Egoismus, Missgunst und Negativität führen. Diese Probleme bringen sich in schwierigen und nicht erfüllenden Beziehungen zum Ausdruck.

Archetypen: Der positive Archetyp ist der Liebhaber, der von höheren Emotionen und Idealismus aus agiert. Der dunkle Archetyp ist der Blender, der den schönen Schein pflegt, um seine Unsicherheit zu verbergen.

Herrschender Gott: Ishana Rudra Shiva, auch Isvara genannt, fördert die Selbsterkenntnis.

Herrschende Göttin: Kakini Shakti, die Energie durch Emotionen gibt.

Herrschender Planet: Venus, der Planet der Liebe.

Granthi: Vishnu Granthi fungiert als Pförtner für die aufsteigende Kundalini. Das Lösen des Knotens geschieht durch das Übernehmen von Eigenverantwortung und die Fähigkeit zu Mitgefühl.

Komponenten: Die Hauptkomponenten von Anahata sind:

- **Grobstoffliches Element:** Luft.
- **Farbe des Elements:** Farblos, Grau oder blasses Grün.
- **Klang des Elements:** Yam.
- **Träger der Keimsilbe:** Die schwarze Antilope oder Gazelle dient dem Herzen mit ihrer Schnelligkeit und Anmut.
- **Blütenblätter des Lotos:** Zwölf Blütenblätter.

Symbolik/Yantra: Dieses Yantra ist eine Lotosblüte mit zwölf Blütenblättern, die ein *Shaktona* umschließen, ein Symbol für die Vereinigung des Männlichen und des Weiblichen. Das Shaktona besteht aus zwei sich überschneidenden Dreiecken, die ein Hexagramm bilden.

Geistige Fähigkeiten: Zu den wichtigsten außersinnlich-intuitiven Gaben, die mit Anahata in Verbindung stehen, gehören: Apantomancie (die Interpretation zufälliger Begegnungen mit Tieren), Astralprojektion (außerkörperliches Reisen), Handlesen (das Interpretieren von Handlinien), Empathie (das Erspüren der Bedürfnisse und Gefühle anderer), Energieheilen, Heilen durch Handauflegen, Hypnose und mehr.

Assoziiertes Aura-Feld: Das vierte Aura-Feld liegt direkt über dem dritten.

Vishuddha

Das fünfte indische Chakra

Vishuddha ist das Zentrum, über das wir der Welt unsere Wahrheit mitteilen. Hier geht es darum, unserem Herzen eine Stimme – oder Musik oder Klang – zu geben und dann wiederum zu hören, was die Welt darauf zu antworten hat.

Sanskrit-Name: *Vishuddha* bedeutet »Reinigung«.

Lage: Vishuddha ist auf das Kehlkopfgeflecht ausgerichtet und liegt in der Mitte des Halses.

Aufgaben: Kommunikation und Selbstausdruck.

Farbe: Blau.

Zugeordnete Drüsen: Die Schilddrüse, eine schmetterlingsförmige Drüse im Rachen, die Schildrüsenhormone produziert und den Stoffwechsel, das Wachstum und die Körpertemperatur beeinflusst. Die Nebenschilddrüse, die Kalzium verarbeitet, ist die zugehörige Sekundärdrüse.

Zugeordnete Körperregionen: Vishuddha steht in Verbindung mit Hals, Kiefer, Ohren, Zähnen, Mund, Luftröhre, Stimmbändern, Nebenschilddrüse und Schilddrüse, den Halswirbeln, Teilen der Speiseröhre und dem oberen Schulterbereich.

Zugeordnete Krankheiten: Zu den Beschwerden, die ein Ungleichgewicht in diesem Chakra widerspiegeln, gehören alle Probleme im Mund-Rachen-Bereich wie Halsschmerzen, Kehlkopfentzündung, Kiefergelenkserkrankungen sowie Zahn- und Zahnfleischprobleme; Schilddrüsenprobleme; Ohrerkrankungen, einschließlich Tinnitus und Mittelohrentzündung, sowie Schulter-Nacken-Probleme.

Aktivierung des Chakras: Nach dem indischen System findet die Aktivierung dieses Chakras zwischen dem achtundzwanzigsten und dem fünfunddreißigsten Lebensjahr statt. In meinem System öffnet sich dieses Chakra im Alter von sechseinhalb bis achteinhalb Jahren.

Psychologische Funktionen: Kommunikation hat Einfluss auf fast jeden Teil unseres Lebens, vom emotionalen Ausdruck bis zum Einstehen für unsere Bedürfnisse. Wie teilen wir mit, was wir mitteilen möchten? Teilen wir überhaupt etwas mit? Die Funktion dieses Chakras wird von Hunderten von Faktoren beeinflusst, darunter von unserer Fähigkeit, ehrlich zu anderen und uns selbst zu sein, unserem emotionalen Wohlbefinden, unserem Mitgefühl und unserer Empathie für andere sowie unserer Fähigkeit, Verantwortung zu übernehmen und Grenzen zu setzen. Alles, von Gerüchten und Kritik bis hin zu Unwahrheiten und Bitterkeit kann unserer Kommunikation ihre Reinheit nehmen und uns in Einsamkeit gefangen halten. Auf der anderen Seite garantieren die Bereitschaft zu vergeben und die Selbsterkenntnis eine klare Kommunikation.

Archetypen: Der positive Archetyp ist der Sprecher, der Informationen richtig aufnimmt und weitergibt. Der negative Archetyp ist das Kind, das schmollt oder schreit, statt sich klar und deutlich zum Ausdruck zu bringen.

Herrschender Gott: Der über das fünfte Chakra herrschende Gott ist Shiva als Ardhanarisvara, eine androgyne

Gottheit, die unser weibliches und unser männliches Selbst miteinander verschmilzt.

Herrschende Göttin: Sakini herrscht in diesem Chakra. Sie schenkt höheres Wissen, die Fähigkeit, außersinnlich zu kommunizieren, und alle Siddhis (übernatürliche Kräfte).

Herrschender Planet: Jupiter.

Granthi: Keiner.

Komponenten: Die Hauptkomponenten des fünften Chakras sind:

- **Grobstoffliches Element:** Äther, auch bekannt als Akasha, vereinigt alle anderen Elemente in sich, hat aber keinen Geruch, keinen Geschmack, kann nicht berührt werden und hat keine Form.
- **Farbe des Elements:** Rauchiges Violett.
- **Klang des Elements:** Ham.
- **Träger der Keimsilbe:** Der Elefant, er ist nicht eingeschränkt und kann sich auf allen Existenzebenen bewegen.
- **Blütenblätter des Lotos:** Der Lotos hat sechzehn Blütenblätter, die oft rauchfarben, manchmal auch in einem rauchigen Violett abgebildet werden.

Symbolik / Yantra: Das Yantra von Vishuddha ist eine silberne Mondsichel in einem weißen Kreis, die strahlt wie der Vollmond. Dieser Mond befindet sich im Innern eines nach unten weisenden himmelblauen Dreiecks. Der Mond im Dreieck ist von sechzehn Blütenblättern umgeben.

Geistige Fähigkeiten: Zu den vielen außersinnlich-intuitiven Gaben, die mit diesem Chakra in Verbindung gebracht werden, gehören Hellhören, automatisches Schreiben (die Fähigkeit, im Trancezustand Botschaften zu notieren); die Fähigkeit, mit Verstorbenen zu kommunizieren, Geister auszutreiben (Exorzismus), als Medium für ein Geistwesen zu fungieren; Telepathie (Wahrnehmen von Dingen und Gedanken über große Entfernungen), Megagnomie (eine Art von Hypnose), Xenoglossie (Sprechen in einer unbekannten Sprache) und mehr.

Assoziiertes Aura-Feld: Das fünfte Aura-Feld liegt direkt über dem vierten.

Ajna
Das sechste indische Chakra

Dies ist eines der bekanntesten Chakras. Es wird oft als drittes Auge bezeichnet und steht in Zusammenhang mit unserem inneren und außersinnlichen Sehvermögen sowie unseren strategischen Planungsfunktionen. Über dieses Chakra können wir die Zukunft voraussehen und, was noch besser ist, unsere Träume wahr machen.

Die drei Haupt-Nadis – Sushumna, Ida und Pingala – kommen in diesem Chakra zusammen und bringen ein transzendentes Bewusstsein hervor. Frei von jeder Dualität sehen wir jetzt die Schönheit in allen Dingen und Menschen.

Sanskrit-Name: *Ajna* bedeutet »Befehl« oder »Beschwörung« sowie »grenzenlose Macht« und »Autorität«.

Lage: Ajna liegt an der Spitze der Wirbelsäule, in der Medulla oblongata, der unteren Hälfte des Hirnstamms. Es ist über den Bereich zwischen den Augenbrauen erreichbar.

Aufgaben: Sehen und Wahrnehmung.

Farbe: Violett oder Indigo.

Zugeordnete Drüse: Die Hypophyse ist die endokrine Drüse, die am häufigsten in Zusammenhang mit Ajna erwähnt wird. Sie ist an der Produktion von Wachstums-, Sexual- und anderen Hormonen beteiligt.

Zugeordnete Körperregionen: Ajna wird mit Gehirn, Hypophyse, Nervensystem, Nebenhöhlen, Thalamus und Teilen der Ohren, der Nase und der Zirbeldrüse in Verbindung gebracht.

Zugeordnete Krankheiten: Zu den mit diesem Chakra in Verbindung stehenden körperlichen Beschwerden gehören Sehstörungen, Blindheit, Depressionen, Angstzustände, Hormonstörungen, Legasthenie und andere Lernschwierigkeiten, Schlaflosigkeit, Sinusitis, Drehschwindel, Nervenzusammenbrüche, Blutdruckprobleme, Kopfschmerzen, Migräne, Schlaganfälle und ähnliche Probleme.

Aktivierung des Chakras: Der indischen Philosophie zufolge öffnet sich dieses Chakra zwischen dem fünfunddreißigsten und dem zweiundvierzigsten Lebensjahr. In meinem System erwacht es im Alter von achteinhalb bis vierzehn Jahren.

Psychologische Funktionen: Letztlich sind wir aufgefordert, die Wahrheit (und nichts als die Wahrheit) über unser sechstes Chakra wahrzunehmen. Defizite führen zu allem

Möglichen, vom Leugnen von Problemen und Co-Abhängigkeit bis zu Groll und Zynismus. Exzesse können von Fantastereien, Egozentrik und innerem Aufruhr gefolgt werden. Die Summe dessen, was dieses Chakra zu bieten hat, ist die Fähigkeit, in der Gegenwart zu bleiben und gleichzeitig für die Zukunft zu planen.

Archetypen: Der positive Archetyp ist der Intuitive, der außersinnliche Wahrnehmung einsetzt, um das tägliche Leben in etwas Heiliges zu verwandeln. Der Kritiker ist der negative Archetyp, ein manipulierender und übermäßig analytischer Aspekt.

Herrschender Gott: Shiva, der Gott der Zerstörung und des göttlichen Tanzes. Er wird in der Regel als der wichtigste Gott betrachtet. Manchmal wird auch Ardhanarisvara, die androgyne Erscheinungsform von Shiva hervorgehoben.

Herrschende Göttin: Hakini, eine Erscheinungsform der Shakti, herrscht in diesem Chakra. Sie vermittelt Weisheit und löscht Dualitäten.

Herrschender Planet: Das Tierkreiszeichen Fische.

Granthi: Der Knoten des Rudra. Wenn wir ihn erst einmal gelöst haben, kann die Kundalini zu ihren höchsten Höhen aufsteigen, zum Kronen-Chakra. Dann sind wir in der Lage, alles und jeden als heilig wahrzunehmen.

Komponenten: Die Hauptkomponenten des sechsten Chakras sind:

- **Grobstoffliches Element:** Licht.
- **Farbe des Elements:** Transparent.

- **Klang des Elements:** Om (manchmal Aum geschrieben).
- **Träger der Keimsilbe:** Ajna wird in der Regel nicht mit einem Keimsilbenträger in Verbindung gebracht.
- **Blütenblätter des Lotos:** Der Lotos ist violett und häufigen Beschreibungen zufolge so kühl wie ein Mondstrahl. Er hat zwei Blütenblätter, die Kraft ausstrahlen.

Symbolik/Yantra: Ein nach unten weisendes Dreieck, das in diesem Fall *Tritasra* genannt wird, in einem Kreis, der zusammen mit zwei Blütenblättern einen Lotos bildet.

Geistige Fähigkeiten: Dutzende von außersinnlich-intuitiven Begabungen werden mit diesem Chakra in Verbindung gebracht. Die wichtigsten sind Hellsehen, Weissagen (Wahrheiten sehen oder spüren), Vorhersagen (künftige Möglichkeiten sehen), Kristallomantie (die Zukunft mithilfe einer Kristallkugel oder einer reflektierenden Oberfläche vorhersagen), Kartenlesen, Traumdeutung, Rückführung in frühere Leben und mehr.

Assoziiertes Aura-Feld: Das sechste Aura-Feld umgibt das fünfte.

Sahasrara

Das siebte indische Chakra

Sahasrara, auch Kronen-Chakra genannt, markiert das Ende einer Pilgerreise und den Beginn eines neuen Weges. Shakti und Shiva – Materie und Bewusstsein – verschmelzen im

Glanz dieses Chakras. Unser Ringen um Einheit hat ein Ende und wir erwachen zu neuem Leben in einem Zustand der Einheit, in dem wir menschlich und göttlich zugleich sind. Die tausend Blütenblätter dieses Chakras sind wie Schmetterlinge, die uns in den Himmel tragen, wenn wir unsere Flügel ausbreiten.

Sanskrit-Name: *Sahasrara* bedeutet »tausend« und bezieht sich auf dieses Chakra als »Lotos mit den tausend Blütenblättern«. Sämtliche Farben sind in diesem Chakra vereint, das auch den »Wohnsitz ohne Stützen« repräsentiert.

Lage: Manche Fachleute verorten dieses Chakra am Scheitelpunkt des Kopfes. Andere sind der Meinung, es liege direkt über dem Kopf. Es wird auch gesagt, es habe seinen Sitz in der Zerebralhöhle und stehe mit dem Plexus choroideus in Verbindung.

Aufgabe: Spiritualität.

Farbe: Weiß, manchmal auch Violett oder Gold.

Zugeordnete Drüse: Die Zirbeldrüse. Sie produziert (und reagiert auf) Hormone, die den Schlafrhythmus, die Stimmung und sogar das Bewusstsein regulieren.

Zugeordnete Körperregionen: Sahasrara steuert die Zirbeldrüse, Schädelknochen und Hirnnerven, den Hirnstamm, den Plexus choroideus, die Großhirnrinde, das Nervensystem, die Organe des höheren Lernens und mehr.

Zugeordnete Krankheiten: Zu den Erkrankungen, die von Sahasrara beeinflusst werden, gehören Muskel-, Haut- und Knochenerkrankungen, Depressionen, Ängste, Schlaflosigkeit und Lernschwierigkeiten; chronische Probleme wie chronische Erschöpfung, Alzheimer, Epilepsie, Demenz, multiple Sklerose und Parkinsonkrankheit; Überempfindlichkeit gegenüber Licht, Lärm und der Umwelt allgemein; Migräne und Drehschwindel; Gehirntumore sowie psychische Erkrankungen wie Schizophrenie, Psychosen und Neurosen.

Aktivierung des Chakras: Nach der traditionell indischen Auffassung erwacht dieses Chakra zwischen dem zweiundvierzigsten und dem neunundvierzigsten Lebensjahr. In meinem System findet seine Aktivierung zwischen dem vierzehnten und dem einundzwanzigsten Lebensjahr statt.

Psychologische Funktionen: Sahasrara bietet uns die Möglichkeit, unsere Emotionen und Überzeugungen mit höheren Tugenden wie Bewusstheit, Wahrhaftigkeit, Hoffnung und Liebe zu verbinden. In diesen Zuständen entfaltet sich wahre Transzendenz und wir werden buchstäblich aus dem Schlamm und Schlick psychologischer Konstrukte wie Vorverurteilung, Hass, Diskriminierung und dergleichen herausgezogen. In diesem Chakra suchen wir auch nach einer eventuellen Besessenheit durch Entitäten oder Flüche. Diese Formen der Einmischung können uns davon abhalten, »das Licht zu erkennen«, das wir sind.

Archetypen: Der positive Archetyp ist der Guru, der sich unter Einsatz von Intelligenz und Logik mit den geistigen Gesetzen in Einklang bringt. Der negative Archetyp ist der Egoist, der kaum etwas jenseits von sich selbst sieht.

Herrschender Gott: Shiva herrscht über dieses Chakra. Hier ist er das höchste göttliche Bewusstsein oder Parama Shiva.

Herrschende Göttin: Shakti manifestiert sich in diesem Chakra in all ihren Erscheinungsformen. Ihr finaler Name ist Shankhini. In diesem Zustand steht ihr ihre ganze Macht zur Verfügung.

Herrschender Planet: Ketu, der absteigende Mondknoten.

Granthi: Keiner.

Komponenten: Es gibt einige Komponenten, die mit diesem Chakra in Verbindung gebracht werden. Sie werden wie folgt beschrieben:

- **Grobstoffliches Element:** Nicht zugeordnet.
- **Farbe des Elements:** Nicht zugeordnet.
- **Klang des Elements:** Visarga (ein Hauchlaut), manchmal auch »ng«.
- **Träger der Keimsilbe:** Die Bewegung von Bindu, einem Punkt über einer liegenden Mondsichel.
- **Blütenblätter des Lotos:** Dieser Sahasrara-Lotos ist weiß und hat tausend Blütenblätter. Die alten Schriften beschreiben den Lotos als schimmernd und weiß. Die Blütenblätter sind bunt und in zwanzig Schichten angeordnet.

Symbolik/Yantra: Die Symbolik von Sahasrara ist komplex. Auf einer stark vereinfachten Ebene enthält das Yantra einen kreisrunden Mondbereich, der in goldenem Licht leuchtet.

Ein strahlendes Dreieck liegt im Innern dieses Mondbereichs.

Geistige Fähigkeiten: Alle außersinnlich-intuitiven Gaben stehen über dieses Chakra zur Verfügung. Die bekanntesten sind Prophetie (Wissen, was geschehen sollte), Vorhersagen (künftige Möglichkeiten sehen), Exorzismus (die Befreiung von Geistern), Horoskopie (das Interpretieren von astrologischen Konstellationen) und Glaubensheilung oder Geistheilung.

Assoziiertes Aura-Feld: Das siebte Aura-Feld liegt direkt über dem sechsten.

✳ ✳ ✳ ✳

Zusammenfassung

Die sieben innerkörperlichen indischen Chakras sind wunderschön komplex. Wenn es möglich wäre, ihre Beiträge zu unserem Leben in einem einzigen Satz zusammenzufassen, wobei jedes Chakra von einem wichtigen Begriff repräsentiert wird, könnten wir zu diesem Ergebnis kommen:

Ich (erstes Chakra)
bin (und) (zweites Chakra)
werde (drittes Chakra)
Liebe (und) (viertes Chakra)
kommuniziere (fünftes Chakra)
eine Vision (sechstes Chakra)
für den Geist (siebtes Chakra).

Ich bin (und) werde Liebe (und) kommuniziere eine Vision für den Geist.

So schön und umfassend die Informationen über die Chakras auch sein mögen, es ist sogar noch erfreulicher – und produktiver –, mit ihnen zu interagieren. Jetzt lernen Sie in Teil 2, wie man das macht.

Teil 2

PRAKTISCHE
CHAKRA-MAGIE

»Die Seiten sind noch leer,
aber ein wunderbares Gefühl ist da,
ein Gefühl für die Worte,
die da stehen werden.
Sie sind mit unsichtbarer
Tinte geschrieben und
schreien danach, sichtbar zu werden.«

VLADIMIR NABOKOV

Jetzt, wo Sie ein grundlegendes Verständnis der Chakras sowie der mit ihnen in Verbindung stehenden feinstofflichen Strukturen und Energien erworben haben, können Sie Ihr Wissen praktisch anwenden. Es ist Zeit, die Magie der Chakras zu aktivieren.

In vielerlei Hinsicht ist die Interaktion mit Ihren Chakras wie das Öffnen eines Buches mit scheinbar leeren Seiten. Die Blätter sehen leer aus, aber das sind sie nicht! Jedes Chakra entspricht einer einzelnen Seite, die bereits mit unsichtbarer Tinte beschrieben ist.

Sie wissen, was auf jeder Seite steht, weil Sie Teil 1 gelesen haben. Sie wissen Bescheid über die Lage jedes Chakras, seine Farbe, die ihm zugeordneten Symbole, seine physischen, psychischen und geistigen Kräfte und noch mehr. Mit diesen Informationen ausgestattet können Sie den nächsten Schritt gehen. Sie können damit beginnen, Ihre Chakras so zu lenken, dass sie Ihnen Heilung, Glück, Schutz, Träume und Führung bringen. Die Übungen in Teil 2 sollen Ihnen helfen, diese Ziele und noch mehr zu erreichen.

In den vielen Prozessen, durch die Sie geführt werden, lernen Sie, Ihre Chakras zu lokalisieren und zu beurteilen sowie ihre Heilungskräfte zu aktivieren. Jedes der folgenden Kapitel beschäftigt sich mit einem spezifischen Anliegen.

Der direkte Nachbar der Heilung ist Stressabbau. Wer von uns braucht keine direkten und kreativen Mittel und Wege, um mit der schönen, aber herausfordernden Achterbahn des Lebens klarzukommen und von ihr zu profitieren? In

Kapitel 7 erfahren Sie, wie Sie neben anderen Hilfsmitteln Farben, Klänge, Edelsteine und Öle einsetzen können, um Stress abzubauen und sich davon zu erholen – und ihn vielleicht sogar mit ein wenig Enthusiasmus willkommen zu heißen.

Mit den Höhen und Tiefen des Lebens umzugehen, ist viel einfacher, als etwas für eine gute Nachtruhe zu tun. Letzteres ist Thema von Kapitel 8, das Informationen über Gehirnwellen und Bewusstseinszustände nutzt, um über die Chakras tiefen Schlaf und entsprechende Erholung zu fördern. Und eine der wichtigsten Möglichkeiten, Stress abzubauen, ist, sich sicher zu fühlen, in Sicherheit zu sein. Chakras und die mit ihnen in Verbindung stehenden Aura-Felder sind unerlässlich, um sich in einer Welt voller unerwünschter Energien zu schützen. In Kapitel 9 lernen Sie eine einfache Technik zum Errichten feinstofflicher Energiegrenzen kennen.

Sobald wir in Sicherheit sind, können wir uns anderen Dingen zuwenden. Erfreulicherweise sind Chakras nahezu wundersame Organe, wenn es darum geht, Wünsche zu manifestieren und spirituelle Führung zu bekommen. Die Kapitel, die sich damit beschäftigen, gehören sicher bald zu Ihren Favoriten. In Kapitel 10 werden Ihnen Manifestierungswerkzeuge vorgestellt, und in Kapitel 11 erfahren Sie, wie Sie sich der spirituellen Führung öffnen können.

In vielen Übungen werden Sie aufgefordert, eine höhere Macht anzurufen, die ich »das Göttliche« nenne. Es steht Ihnen frei, hier einen anderen Namen einzusetzen. Eine kurze Liste enthält unter anderen die Bezeichnungen Gott, Allah,

Göttin, Brahma, Schöpfer, Heiliger Geist, Großer Geist und Universum. Viele Menschen konzeptualisieren das Göttliche als einen größeren Aspekt ihrer selbst, etwa als das »höhere Selbst« oder das »weise innere Selbst«. Sie können diesen Aspekt des Selbst auch als Ihren »Geist« oder Ihre »Essenz« bezeichnen. Das mache ich in der Regel, wenn ich auf Ihre innere Quelle der Führung anspiele. Andere berufen sich auf das Gute im Menschen. Verwenden Sie einfach den Begriff, der Ihren spirituellen Überzeugungen entspricht.

Sie sollten auch wissen, dass Sie hier häufig Tipps bekommen, die in die Übungen eingebaut werden können, um deren Wirkung zu verstärken. Wenn möglich, sage ich Ihnen genau, wo Sie den jeweiligen Tipp in die Übungsschritte integrieren können. Diese Tipps helfen Ihnen, bestimmte Übungen mit Material aus Teil 1 und Teil 2 entsprechend zu unterfüttern. Sie sind darauf ausgerichtet, die Wirkung einer Übung zu verbessern, und geben Ihnen kreative Kontrollmöglichkeiten.

Wie immer Sie die Techniken einsetzen, am Ende liegt das Wunderbare, nach dem wir alle suchen, in unserer Fähigkeit, uns mit der Quelle der Güte, der Inspiration, der Integrität und der Macht zu verbinden. Dafür sind unsere Chakras die perfekten Eingangstore. In der Tat liegt darin ihre Magie.

Kapitel 4

Mit den Chakras arbeiten

Von den Grundprinzipien bis zum Lokalisieren

Sinn und Zweck dieses Kapitels ist es, Sie auf alle Chakra-Interaktionen vorzubereiten, indem hier zwei wichtige Grundprinzipien erörtert werden und Sie dann gezeigt bekommen, wie man ein Chakra lokalisiert. Ich werde mich im gesamten Rest von Teil 2 immer wieder auf dieses Material beziehen.

Der erste wichtige Begriff, den es zu verstehen gilt, ist Absicht oder Intention, der Ausgangspunkt jeder Heilung und jeder Manifestation. In fast jeder Übung werden Sie gebeten, eine Absicht zu formulieren oder einen Traum zu erschaffen. Dieser entscheidende Schritt steuert Ihre Chakras so, dass Sie Ihre tiefsten Sehnsüchte wahr werden lassen können.

Das zweite wichtige Detail betrifft die Drehrichtung der Chakras. Wie ich in Teil 1 schon sagte, sind diese Drehrichtungen und ihre Bedeutung nicht universal, auch wenn einige Praktizierende das glauben. Bevor Sie ein Chakra an seiner Drehung erkennen oder die Bedeutung einer Chakra-Drehung bewerten können, müssen Sie verstehen, was die Drehungen wirklich bedeuten. Der Abschnitt »Die Chakra-Drehung ermitteln. Richtung und Bedeutung« wird erklären, was ich meine.

Das Fundament steht. Sie können anfangen, Spaß zu haben. Wir machen uns auf die Reise, denn es ist Zeit zu lernen, wie man seine eigenen Chakras lokalisiert. Drei grundlegende Werkzeuge werden behandelt: ein Pendel, Ihre Hände und Ihre Intuition. Die folgenden Aktivitäten bilden einen Rahmen für die restlichen Übungen in diesem Buch. (Schließlich können Sie, wenn Sie kein Chakra finden, auch nicht damit arbeiten.)

Sie sollten auch wissen, dass sich die Übungen in diesem Buch ziemlich gut umgestalten lassen. Sie können sie auf sich selbst, aber auch auf andere Menschen anwenden. Ich werde Ihnen sowohl in diesem als auch in den folgenden Kapiteln zeigen, wie Sie die Übungen für beide Zwecke anpassen können.

Und jetzt, sind Sie bereit? Dann kann es losgehen!

Die Macht der Intention

In diesem Buch werden Sie immer wieder gebeten, eine Intention zu setzen, eine Absicht zu formulieren oder etwas Ähnliches zu tun, etwa die Konzentration auf etwas aufrechtzuerhalten oder einen Traum zu erschaffen. Damit Sie auf die Macht der Intention zugreifen können, müssen Sie verstehen, was Intention überhaupt ist.

Meine persönliche Definition von Intention ist diese: Intention ist der Moment, der es möglich macht, dass ein Traum wahr wird. Wenn die Chakras die Lenkräder unseres individuellen Miniuniversums sind, dann ist Intention der Schlüssel, der die Lenkradschlösser entriegelt, damit sich die Räder drehen können.

Andere Begriffe, die häufig für Intention verwendet werden, sind »Fokus« und »Entscheidung«. Manche beschreiben eine Intention auch als »Ziel« oder »Zielsetzung«, aber diese Begriffe sind nur teilweise richtig. Ein Ziel liegt in der Zukunft und eine Zielsetzung ist in die Zukunft gerichtet. Sich ein Ziel zu setzen impliziert, dass man über die Schritte nachdenkt, die zum Erreichen dieses Zieles führen. Im Gegensatz dazu findet eine Intention ausschließlich im Hier und Jetzt statt. Intention ist die innere Aktivität, die feinstoffliche und physische Energien miteinander in Einklang bringt, und damit sind die Voraussetzungen geschaffen, dass ein Wunsch Wirklichkeit werden kann.

Moderne Sozialwissenschaftler und Metaphysiker bestätigen, dass es sehr wichtig ist, eine Intention zu setzen, um eine Veränderung in Gang zu bringen. Meine Lieblingserklärung für die Kraft, die das Setzen einer Intention – oder das Treffen einer Entscheidung – entwickelt, hat etwas mit feinstofflicher Energie zu tun. Wie wir in Kapitel 1 erfahren haben, interagiert feinstoffliche Energie mit physischer Energie und kann sogar physische Energie werden. Feinstoffliche Energie ist dazu in der Lage, weil sie sich die sonderbare Welt der Quanten zunutze macht. Die Intention bringt Sie in diese Welt, und von dort aus wird fast alles möglich.

Die Chakra-Drehung ermitteln
Richtung und Bedeutung

Grundsätzlich können Chakras Energie aufnehmen und aussenden, und jedes einzelne Chakra kann beides. Wer möchte keine Liebe, keine Segnungen, keine heilenden Energien, keine fröhliche Stimmung und keine geistigen Botschaften empfangen? Gleichzeitig ist es von entscheidender Bedeutung, dass ein Chakra Giftstoffe, unnötige Energien und zerstörerische Muster freisetzt und wichtige Botschaften in die Welt sendet.

Mir wurde beigebracht, dass sich ein Chakra, das Energie aufnimmt, im Uhrzeigersinn dreht und eines, das Energie freisetzt, gegen den Uhrzeigersinn. Das ist in der Tat häufig der Fall, aber nicht immer. (Wäre es nicht schön, wenn alles immer so einfach wäre?) In Hinblick auf die Drehrichtung eines Chakras gibt es drei Dinge, auf die wir achten müssen, nicht nur wenn wir das Chakra lokalisieren, sondern auch und besonders wenn wir es bewerten und mit ihm interagieren.

Zunächst einmal sollten Sie Folgendes wissen: Wenn Sie die Drehrichtung eines Chakras messen, schätzen Sie nur das äußere Rad ein. Das wurde schon in Kapitel 2 erwähnt. Das innere Rad ist ein ruhender Pol, wo unser individueller Geist mit dem Göttlichen zusammentrifft. Daher ist es immer im perfekten Gleichgewicht. Die beste Möglichkeit, das äußere Rad in eine gesunde Drehung zu versetzen, besteht im Hinzufügen von Energie aus dem inneren Rad. Das Ergebnis kann eine Drehung im Uhrzeigersinn oder gegen den Uhrzeigersinn oder eine wild-verrückte Drehung sein. Was immer es ist, in diesem Moment ist es perfekt.

Außerdem gibt es zwei Hauptperspektiven zur Bewertung der Drehung. In der Regel wird die Drehrichtung aus Sicht des Beobachters bewertet. Stellen Sie sich einfach vor, dass Sie von außen auf das Zifferblatt einer Uhr schauen, das entweder an Ihrem oder am Körper einer anderen Person angebracht ist. Drehungen im Uhrzeigersinn folgen der Bewegung der Zeiger. Drehungen gegen den Uhrzeigersinn gehen in die entgegengesetzte Richtung. Manche Chakra-Behandler bewerten deren Drehrichtung jedoch genau umgekehrt, also nicht von außen, sondern von innen, also durch die eigenen Augen oder die Augen des Klienten. In diesem Buch empfehle ich den Blick von außen und die Vorstellung, dass das Zifferblatt der Uhr außen auf dem jeweiligen Chakra angebracht ist. Sie bewerten dann die Drehrichtung, indem Sie von außen auf diese Uhr schauen. Dies gilt sowohl, wenn Sie mit einer anderen Person arbeiten, als auch, wenn Sie die Drehrichtung bestimmter Chakras bei sich selbst herausfinden möchten. An sich selbst können Sie die Drehrichtung des jeweiligen Chakras am einfachsten mit Übung 7 ausfindig machen.

Die dritte Einschränkung ist, dass es immer Individuen gibt, die von der Norm abweichen, egal wie Sie die Chakra-Drehung überprüfen. Die meisten Chakra-Experten glauben, dass sich ein gesundes Chakra immer im Uhrzeigersinn dreht und nur dann andersherum, wenn es unausgeglichen ist. Ich habe herausgefunden, dass sich die Chakras der meisten Individuen die meiste Zeit über im Uhrzeigersinn drehen (von außen gesehen). Allerdings wäre es bei etwa 20 Prozent der Menschen, mit denen ich gearbeitet habe, im *Gegenuhrzeigersinn* gesund. Ihre Systeme laufen schlicht und einfach anders als die Systeme anderer. Mit diesen Individuen ist nichts »falsch«. Vielmehr sind sie oft Schamanen oder Priesterheiler, deren mystische Fähigkeiten ihre Gemeinschaft mit Schönheit und Magie bereichern.

Noch viel wichtiger zu erwähnen ist mir, dass sich die Chakras eines jeden Menschen tatsächlich ständig abwechselnd im Uhrzeigersinn und gegen den Uhrzeigersinn drehen. Nicht die Richtung selbst ist eigentlich wichtig, sondern vielmehr die Aktivität, die durch die Drehung in beide Richtungen ausgeübt wird.

Sie sehen, dass die Chakra-Experten die Begriffe »im Uhrzeigersinn« und »gegen den Uhrzeigersinn« aus einem wichtigen Grund verwendet haben, nämlich um herauszufinden, wann das Chakra eher Energie aufnimmt als Energie freizusetzen. Wie bereits erwähnt, lautet die allgemeine Regel, dass Drehungen im Uhrzeigersinn Energie aufnehmen und Drehungen gegen den Uhrzeigersinn Energie freisetzen. Es spielt jedoch keine Rolle, ob ein Chakra »linksdrehend« oder

»rechtsdrehend« ist. Wichtig ist, dass Sie herausfinden, welche Drehrichtung bei einem bestimmten Chakra einer bestimmten Person das Freisetzen von Energie anzeigt und welche das Aussenden von Energie.

In den Übungen dieses Kapitels suchen Sie nur nach einer Drehung, nicht nach einer bestimmten Drehrichtung. Die folgenden Kapitel zeigen Ihnen, wie Sie nach der empfangenden und der sendenden Drehrichtung eines Chakras suchen können, statt einfach nur nach einer Drehrichtung im oder gegen den Uhrzeigersinn, denn das ist es nicht, was Sie eigentlich wissen wollen.

Nun ist es aber erst einmal Zeit zu erfahren, wie Sie Ihre Chakras mit drei grundlegenden Techniken orten können.

🪷 *Übung 1*
Ein Chakra mit einem Pendel orten

Eine sichtbare Möglichkeit, ein Chakra zu entdecken, ist der Gebrauch eines Pendels. Ein Pendel ist ein Gewicht, das an einer Schnur oder Kette hängt. Eine Halskette mit Anhänger kann auch als Pendel dienen, wenn der Anhänger groß genug ist, denn das Gewicht muss schwer genug sein, um aussagekräftig schwingen zu können. Das schwingende Pendel kann den Wirbel auf dem äußeren Rad des Chakras erkennen.

Der eigentliche Grund, warum ein Pendel ein Chakra erkennen und sogar dessen Oberfläche analysieren kann, ist, dass es sich im Einklang mit der Energie des Chakras bewegt. Wenn das Gewicht ins Zentrum des Trichterwirbels gehalten wird, bewegt es sich im Uhrzeigersinn oder gegen den Uhrzeigersinn, vertikal oder horizontal, diagonal oder geneigt, oder es wechselt zwischen diesen Richtungen hin und her. Es kann auch in einem vollständigen Kreis schwingen und dann vielleicht wieder in einem Kreis mit eingeschränktem oder offenem Umfang. Natürlich wird sich dieser Schwingungsbogen auch ständig verändern. Weil wir uns ständig verändern, verändert sich auch die Rotation der Chakras unentwegt.

Sie können viele Ihrer eigenen Chakras – und alle Chakras einer anderen Person – mit einem Pendel auffinden. Wenn Sie an sich selbst arbeiten, bilden die schwer erreichbaren Chakras auf der Körperrückseite natürlich eine Ausnahme. Machen Sie Übung 2, um diese Chakras aufzuspüren.

Hier sind Anweisungen zum Auffinden der Chakras bei einer anderen Person und auch bei sich selbst:

Schritt 1: Eine andere Person, Vorder- und Rückseite. Bitten Sie Ihren Partner/Klienten, sich flach auf einen Massagetisch, ein Sofa, den Boden oder eine andere Oberfläche zu legen. Der Klient liegt auf dem Rücken, wenn Sie die Chakras auf der Vorderseite seines Körpers suchen, und auf dem Bauch, wenn Sie die Chakras auf seiner Körperrückseite suchen. Sie stehen über dem Klienten und halten das Pendel etwa fünf bis fünfzehn Zentimeter über die wahrscheinliche Position des Chakras; diese Positionen finden

Sie in Abbildung 1. Halten Sie das Pendel ganz ruhig, bis es sich von selbst bewegt.

Schritt 2: Sie selbst, Vorderseite. Sie sitzen oder stehen. Wenn Sie eines Ihrer eigenen Chakras prüfen wollen, vorausgesetzt, Sie erreichen es, können Sie das Pendel etwa fünf bis fünfzehn Zentimeter vor die wahrscheinliche Position des Chakras halten. Das Gewicht setzt sich in Bewegung, wenn es vom Wirbel des Chakras erfasst wird. Dieses Manöver hilft Ihnen zwar, Ihre eigenen Chakras eines nach dem anderen zu entdecken, aber Drehung und Drehrichtung können am einfachsten mit Übung 7 getestet werden.

Schritt 3: Sie selbst, Rückseite. Sie können Ihre Handfläche und eine Intention einsetzen, um die Chakras auf der Körperrückseite zu beurteilen. In Übung 2 sehen Sie, wie das geht. Sobald die Übertragung auf die Handfläche abgeschlossen ist, halten Sie das Pendel etwa fünf bis fünfzehn Zentimeter über Ihre Handfläche, bis es sich von selbst bewegt. Diese Bewegung zeigt an, dass Sie das übertragende Chakra lokalisiert haben und es nun beurteilen können.

Übung 2
Ein Chakra auf die Handfläche übertragen

Im ganzen Körper verteilt gibt es Sekundär- oder Neben-Chakras, wobei die in den Händen besonders stark sind.

Die Hand-Chakras sind energetisch so stark, weil die Hände (und Arme) Erweiterungen des Herz-Chakras sind. Wenn Sie ein Chakra – auf der Vorder- oder Rückseite des Körpers – nicht erreichen, können Sie dieses Chakra auch auf Ihre Handfläche übertragen und dort damit arbeiten.

Wählen Sie ein Chakra aus, das Sie beurteilen möchten, und äußern Sie laut Ihre Absicht: »Ich interagiere mit dem ersten Chakra auf meiner Körperrückseite auf dieser Handfläche.« Das Handflächen-Chakra wird sich nun in das betreffende Chakra verwandeln. Wenn die Interaktion beendet ist, sagen Sie: »Meine Handfläche ist nun wieder frei von dieser Übertragung.«

 *Übung 3*
Ein Chakra mit den Händen orten

Ihre Hände sind Erweiterungen Ihres vierten, also des Herz-Chakras. Wegen ihrer Feinfühligkeit sind Hände häufig in der Lage, sowohl die Trichterwirbel der Chakras zu erspüren als auch andere Faktoren wie Temperatur, Emotionen und noch mehr zu ermitteln.

Diese Übung wird Ihnen helfen, ein Chakra mit Ihren Händen zu orten. Dafür müssen Sie zunächst zwischen Ihrer empfangenden und Ihrer sendenden Hand unterscheiden. Ihre empfangende Hand nimmt externe Energie auf, in der Regel aus der äußeren Welt. Die sendende Hand setzt Energie frei, in der Regel aus dem Innern des Selbst, und sendet sie in die äußere Welt. Machen Sie Übung 4, um zwischen Ihrer empfangenden und Ihrer gebenden Hand zu unterscheiden, und anschließend diese Übung, die aus folgenden Schritten besteht:

Schritt 1: Vorbereitung. Wählen Sie ein Chakra, das Sie orten möchten, und atmen Sie mehrmals tief ein und aus. Reiben Sie die Hände gegeneinander und unterscheiden Sie zwischen Ihrer empfangenden und Ihrer gebenden Hand (siehe Übung 4).

Schritt 2: Suche mit der empfangenden Hand. Konzentrieren Sie sich auf den Bereich des entsprechenden Chakras und halten Sie Ihre empfangende Hand etwa fünf bis fünfzehn Zentimeter davor oder darüber. Bewegen Sie die Hand so lange, bis Sie den Unterschied zwischen der Chakra-Energie und der Energie spüren, die von dem umgebenden Bereich ausgeht. Der Unterschied kann als Temperatur- oder Texturunterschied, als Unterschied im Sinneseindruck oder in der Bewegung oder sogar als emotionaler Unterschied wahrgenommen werden.

Schritt 3: Suche mit der sendenden Hand. Manchen fällt es leichter, ein Chakra mit der sendenden statt mit der empfangenden Hand zu orten. Halten Sie Ihre Hand in dem Fall parallel zu dem ausgewählten Chakra-Bereich, etwa fünf bis fünfzehn Zentimeter davor oder darüber. Schicken Sie Energie aus Ihrem Herzen in die sendende Hand und bewegen Sie die Hand, bis Sie finden, dass sich eine Stelle wärmer, kälter oder einfach von der Textur, vom

Sinneseindruck oder von der Emotion her anders anfühlt als der umgebende Bereich.

Schritt 4: Suche mit beiden Händen. Sie können entweder Schritt 2 oder Schritt 3 oder beide machen und dann aufhören zu suchen. Oder Sie überspringen beide Schritte und suchen mit beiden Händen gleichzeitig. Dafür bewegen Sie beide Hände über und um den Chakra-Bereich und erspüren ihn. Vielleicht nehmen Sie eine Mischung aus Sinneseindrücken, Temperaturen, Schwingungen und dergleichen wahr.

Schritt 5: Fortsetzung oder Schluss. Entweder machen Sie jetzt weiter, indem Sie auch noch andere Chakras orten, oder Sie beenden die Übung an dieser Stelle. Sie können die Übung abschließen, indem Sie ein paar Mal tief durchatmen und Ihren ganzen Körper spüren, bevor Sie in Ihren Alltag zurückkehren. Sie können auch mit Übung 8 fortfahren, wenn Sie ein Chakra mit den Händen beurteilen möchten.

Übung 4
Zwischen der empfangenden und der sendenden Hand unterscheiden

Wie unterscheiden Sie Ihre empfangende und Ihre sendende Hand? Üblicherweise ist die linke Hand die empfangende und die rechte die sendende, aber bei Linkshändern und in Einzelfällen kann es genau umgekehrt sein.

Um herauszufinden, wie es bei Ihnen ist, schütteln Sie die Hände aus und reiben sie dann gegeneinander. Halten Sie die Handflächen dann etwa fünf Zentimeter weit voneinander entfernt und erspüren Sie die Bewegung der Energie zwischen ihnen. Können Sie sagen, welche Hand der anderen Energie schickt? In der Regel wird die empfangende Hand warm, weil sie mehr Energie bekommt. Es kann auch sein, dass die Handfläche kribbelt, rot wird oder juckt. Ihre sendende Hand kann sich kühler anfühlen, weil Energie freigesetzt wird. Die Handfläche wird vielleicht blass und pocht.

Wenn Sie immer noch nicht sagen können, welche Hand die sendende und welche die empfangende ist, wählen Sie eine aus und stellen sich vor, dass eine Farbe von ihr ausgeht und in die andere Hand fließt. Wechseln Sie dann die Hände. Visualisieren Sie den Energiefluss. Welche Hand erzeugt die Farbe leichter und welche absorbiert sie besser? Sobald Sie den Unterschied zwischen Ihren Händen herausgefunden haben, bezeichnen Sie sie entsprechend. Sie können Ihre Hände immer wieder testen, denn es ist möglich, dass sie aufgrund veränderter Lebensumstände ihre Funktion ändern.

Übung 5
Ein Chakra intuitiv orten

Wie in Kapitel 3 geschildert, steht jedes Chakra mit einer Vielzahl von intuitiven Gaben in Verbindung. Hier sind diese Gaben in fünf Kategorien unterteilt, damit Sie die entsprechende Art von Intuition einsetzen können, um ein Chakra zu orten. Die vier Hauptkategorien sind die physische, die spirituelle, die verbale und die visuelle Intuition. Die fünfte Kategorie ist mystisch und beinhaltet die anderen vier Arten von Intuition. Im gesamten Teil 2 nutzen Sie dieselben Fähigkeiten für die Interaktion mit den Chakras. In dieser Übung bekommen Sie zunächst eine kurze Beschreibung jeder Art von Intuition und erfahren dann, wie Sie damit jeweils ein Chakra orten können.

- **Physische Intuition:** Physisch Intuitive spüren die feinstoffliche Energie empathisch und stellen über ihren Körper, ihre Gefühle und ihr Wissen eine Beziehung zu ihrer Umwelt her.
- **Spirituelle Intuition:** Spirituell empathische Menschen stellen über ihr spirituelles Beusstsein eine Verbindung zu feinstofflichen Informationen her und überprüfen diese auf Liebe und Tugendhaftigkeit.
- **Verbale Intuition:** Verbal Intuitive hören Worte, Lieder und Botschaften entweder mit ihrem »inneren Ohr« oder sogar in der alltäglichen Welt.
- **Visuelle Intuition:** Visuell Intuitive empfangen außersinnlich sichtbare Offenbarungen. Diese Offenbarungen

können Farben, Formen, Bilder und sogar eine filmähnliche Dramatisierung enthalten. Solche Menschen nehmen oft auch bestimmte visuelle Botschaften in ihrer Umgebung wahr.

- **Mystische Intuition:** Der mystisch Intuitive ist ein Schamane, ein »Priesterheiler«, der alle Arten von Intuition einsetzt, um Informationen zu bekommen und weiterzugeben, zu heilen und sich auf interdimensionale Reisen zu machen.

Für diese Übung wählen Sie ein Chakra bei sich selbst oder einer anderen Person aus. Atmen Sie ein paar Mal tief durch und bitten Sie Ihr wahres Wesen oder das Göttliche, Ihr Bewusstsein entsprechend einzustimmen. Bewerten Sie das Chakra dann mit den folgenden intuitiven Mitteln.

- **Physische Intuition:** Nehmen Sie die Position des Chakras physisch wahr. Vielleicht fühlen Sie es an der entsprechenden Stelle in Ihrem Körper, nehmen eine emotionale Reaktion am Sitz des Chakras wahr oder »wissen« einfach, wo er sich befindet.

- **Spirituelle Intuition:** Sie werden sich der Lage des Chakras mit einer unerklärlichen Weisheit bewusst. Sie können auch das Göttliche bitten, es für Sie zu orten.

- **Verbale Intuition:** Bitten Sie um die Töne des Chakras und konzentrieren Sie sich darauf. Sie können auch darum bitten, dass ein Geistführer Ihnen die Antwort in Ihr inneres Ohr spricht oder durch eine äußere Quelle an Sie weiterleitet.

- **Visuelle Intuition:** Bitten Sie um eine Vision der Chakra-Position. Wenn Sie zwar ein Bild wahrnehmen, es aber nicht deuten können, weil es unscharf ist, können Sie um eine Bildunterschrift bitten, die Sie dann außersinnlich lesen können.
- **Mystische Intuition:** Überprüfen Sie alles, was Sie mit Ihren anderen intuitiven Fähigkeiten wahrgenommen haben, und bringen Sie die Informationen zusammen.

Kapitel 5

Die Chakras beurteilen

In Kapitel 4 haben Sie gelernt, wie Sie ein Chakra mithilfe eines Pendels, Ihrer Hände und Ihrer Intuition orten können. Jetzt ist es Zeit herauszufinden, welche Bedeutung Ihre Entdeckungen haben könnten.

Die Übungen in diesem Kapitel sollen Ihnen helfen, Chakras auf drei Arten zu beurteilen. Was die Intuition betrifft, so werden Sie auch mit den vielen Fragen vertraut gemacht, die sich bei einer intuitiven Beurteilung der Chakras ergeben können. Wie die Ergebnisse der Pendel- und Handübungen können Sie auch alle Ergebnisse der folgenden Übungen aufschreiben und in späteren Kapiteln damit arbeiten.

Denken Sie an Folgendes: Wenn Sie den Richtungswechsel eines Chakras beobachten, sollten Sie darauf achten, ob die Rotation empfangend oder sendend ist. Deswegen erfahren Sie in Übung 6, wie Sie mithilfe eines Pendels zwischen empfangenden und sendenden Drehungen unterscheiden können.

Übung 6
Empfangende und sendende Drehungen mit dem Pendel bestimmen

Viele Übungen in diesem und den folgenden Kapiteln setzen voraus, dass Sie den Unterschied zwischen der empfangenden und der sendenden Drehung eines Chakras kennen. Wenn Sie mit einer anderen Person arbeiten, beginnen Sie damit, dass Sie sich das Zifferblatt einer Uhr auf dem jeweiligen Chakra vorstellen. Wenn Sie an sich selbst arbeiten, gehen Sie zurück zu Übung 2 und übertragen das Chakra auf eine Ihrer Handflächen.

Nun halten Sie das Pendel etwa fünfzehn Zentimeter über das Chakra, wenn nötig etwas tiefer, um die Drehrichtung ausfindig zu machen. Wenn sich das Gewicht bewegt, stellen Sie eine Frage, entweder still für sich oder laut, beispielsweise: »Sehe ich die Drehung für hereinkommende Energie?«

Achten Sie darauf, in welche Richtung das Gewicht weiterschwingt, falls es nicht die Richtung wechselt, bezeichnen Sie diese als die Drehung für empfangende oder hereinkommende Energie. Logischerweise legt die andere Richtung die gegenteilige Energie fest, aber auch das können Sie noch einmal überprüfen. Stellen Sie eine Frage wie: »Sehe ich die Drehung für austretende Energie?« Wenn Sie möchten, können Sie der jeweiligen Chakra-Drehung auch die Begriffe »im Uhrzeigersinn« oder »gegen den Uhrzeigersinn« zuordnen. Sie wissen ja nun, welche eine sendende und welche eine empfangende Drehung bezeichnet.

Jetzt können Sie fortfahren, die Bewegungen des Pendels zu deuten.

 Übung 7
Den Zustand eines Chakras mit dem Pendel deuten

Denken Sie bei dieser Übung daran, dass die nach innen gerichtete Drehung eintreffende Energie anzeigt. Und die nach außen gerichtete Drehung zeigt ausgehende Energie an. Orten Sie ein Chakra und setzen Sie das Pendel ein, um die folgenden Faktoren einzuschätzen, die beschreiben, wie das Chakra funktioniert, entweder auf der Vorderseite oder auf der Rückseite. Sie sollten fünfzehn bis dreißig Sekunden warten, bevor Sie den Schwung des Pendels deuten, denn es dauert eine Weile, bis er sich einstellt und ein klares Momentum erreicht.

- **Nach innen gerichteter Schwung mit gleichmäßiger Geschwindigkeit in einem weiten Bogen.** Chakra nimmt notwendige Energie auf.
- **Nach außen gerichteter Schwung mit gleichmäßiger Geschwindigkeit in einem weiten Bogen.** Chakra setzt unerwünschte Energie frei.
- **Der Umfang des Schwungs ist zu groß.** Zu groß heißt, dass das Pendel einen Kreis von mehr als dreißig Zenti-

meter Durchmesser beschreibt. Dies ist ein Hinweis darauf, dass das Chakra je nach Drehrichtung zu viel Energie aufnimmt oder freisetzt.

- **Der Umfang des Schwungs ist zu klein.** Zu klein heißt, dass das Pendel einen Kreis von weniger als fünf Zentimeter Umfang beschreibt. Ein so stark begrenzter Schwung zeigt an, dass das Chakra eine potenzielle Bedrohung wahrnimmt, sie aber zu bewältigen versucht.

- **Schwung stoppt.** Chakras können zwar nicht offiziell den Dienst verweigern, aber dieses Chakra nimmt eine Bedrohung oder Gefahr wahr und zieht sich zusammen.

- **Schwung ist unreglmäßig.** Das Chakra ist verwirrt (und die Person auch).

- **Schwung ist hauptsächlich vertikal.** Das Chakra operiert zu spirituell, der praktische Ansatz ist mangelhaft.

- **Schwung ist hauptsächlich horizontal.** Das Chakra operiert zu weltlich. Es mangelt an spiritueller Perspektive.

- **Chakra schwingt nach oben rechts.** Dieses Chakra übernimmt sich bei der Erfüllung seiner männlichen Aufgaben und braucht eine weibliche Perspektive.

- **Chakra schwingt nach oben links.** Dieses Chakra überstrapaziert seine weiblichen Energien und braucht männlichen Input.

- **Der nach innen gerichtete Schwung ist zu schnell.** Zeigt Angst vor der Zukunft an (das Chakra saugt buchstäblich Energie ein, um sich auf die potenzielle Zukunft vorzubereiten).

- **Der nach außen gerichtete Schwung ist zu langsam.** Zeigt eine Depression an und ein Festsitzen in der Vergangenheit (das Chakra hält buchstäblich an der Energie aus der Vergangenheit fest).

Machen Sie sich Notizen zu Ihren wichtigsten Befunden, nachdem Sie ein Chakra ausgewertet haben. Testen Sie weitere Chakras, wenn Sie möchten. Sie können diese Technik auch in späteren Kapiteln einsetzen.

 *Übung 8*
Ein Chakra oder mehrere mit den Händen beurteilen

Sie können ein einzelnes Chakra oder eine Reihe von Chakras auch mit den Händen auswerten. Das ist bei einigen der eigenen Chakras natürlich ungleich schwieriger. Machen Sie in diesen Fällen Übung 2.

Sie müssen hierfür den Unterschied zwischen Ihrer empfangenden und Ihrer sendenden Hand kennen. Das war Thema in Übung 4. Wenn Sie mit Ihrer Handfläche arbeiten, werten Sie das übertragene Chakra *nicht* mit der Hand aus, auf deren Handfläche Sie es übertragen haben. Arbeiten Sie mit einer Intention, um diese Hand von einer empfangenden zu einer sendenden zu machen oder zu einer, die beide Funktionen erfüllt.

Schritt 1: Das Chakra orten. Finden Sie ein Chakra mit den Händen (siehe Übung 3).

Schritt 2: Informationen sammeln. Der beste und vollständigste Weg zur Beurteilung des Chakras mit den Händen führt über folgende drei Stationen. Ich empfehle Ihnen, alle drei zu durchlaufen, aber Sie können auch gleich zur dritten übergehen.

- **Vermessen mit der empfangenden Hand:** Lassen Sie Ihre empfangende Hand vorsichtig über den Bereich des Chakras schwingen, wobei sie sich in vertikaler Richtung fünf bis zwanzig Zentimeter vor der Stelle bewegt. Wenn Sie an jemand anderem arbeiten, bewegen Sie Ihre Hand in unterschiedlichem Abstand, also auf unterschiedlichen vertikalen Ebenen horizontal über den Standort des jeweiligen Chakras. Wenn Sie eines Ihrer eigenen Chakras überprüfen, das Sie problemlos erreichen können, legen Sie sich am besten auf den Rücken und lassen Ihre Hand auf unterschiedlichen vertikalen Ebenen über dem Chakra hin und her schwingen. Die äußeren Grenzen des Chakra-Wirbels und irgendwelche Anomalien überprüfen Sie wie in Schritt 3 beschrieben.

- **Analysieren mit der sendenden Hand:** Machen Sie das eben Beschriebene mit Ihrer sendenden Hand.

- **Auswerten mit beiden Händen:** Bewegen Sie beide Hände über den gesamten Bereich des jeweiligen Chakras. Nehmen Sie Ihre Bewertung wie in Schritt 3 beschrieben vor.

Schritt 3: Indikatoren prüfen. Sie überprüfen folgende Indikatoren:

- **Gleichmäßige Bewegungen:** Wenn sich die Chakra-Energie in einem gleichmäßigen, geschmeidigen Kreis mit gleich viel ein- und ausfließender Energie bewegt, ist das Chakra wahrscheinlich gesund.

- **Zu wenig Energie wird freigesetzt:** Das Chakra ist kontrahiert und kann möglicherweise keine physischen, psychischen oder spirituellen Energien freisetzen.

- **Zu viel Energie wird freigesetzt:** Spricht für ein übermäßiges Leistungsverhalten in einem Lebensbereich, der mit dem Chakra in Verbindung steht. Könnte auch nicht anerkannte Emotionen anzeigen, die hier ans Licht kommen.

- **Zu viel Energie wird aufgenommen:** Spricht für Verzweiflung in einem mit dem Chakra in Verbindung stehenden Lebensbereich.

- **Zu wenig Energie wird aufgenommen:** Ein Zeichen für Angst vor dem Annehmen der benötigten Energie.

- **Niedriges Energieniveau:** Energie fehlt oder ist nicht einsatzfähig; könnte einen bedrückten Zustand oder geraubte Energie anzeigen.

- **Zum Bersten voll mit Energie:** Das Chakra hält bestimmte Energien fest und will sie nicht loslassen. Diese Energien können Ihre eigenen sein oder auch nicht.

- **Kribbeln:** Das Chakra macht eine Veränderung durch, in der Regel zum Positiven.

- **Wärme:** Wahrscheinlich absorbiert das Chakra Energie, die zum Funktionieren oder für Veränderungen benötigt wird. Wärme kann ein positives oder negatives Zeichen sein. Sie weist oft auf eine Entzündung oder die Aufnahme von zu viel Energie hin. Wenn Sie allerdings gerade eine Heilung durchgeführt haben, kann eine Hitzewallung bedeuten, dass die benötigte Energie in das Chakra eindringt.

- **Kälte:** Das Chakra setzt vermutlich Energie frei, was nützlich oder schädlich sein kann. Wenn ein Chakra zu viel Energie verliert, wird es schwach oder kann seine Aufgaben nicht mehr erfüllen. Nach einer Heilung kann eine vorübergehende Abkühlung bedeuten, dass das Chakra eine Blockade oder festsitzende Energien loslässt.

- **Löcher:** Löcher fühlen sich wie blinde Flecken an und machen deutlich, dass dem Chakra (oder der Person) ein Aspekt fehlt.

- **Lecks:** Zeigen einen Energieverlust an, möglicherweise verursacht von einer anderen Person oder einem negativen Muster.

- **Spalte oder Risse:** Ähnlich einem Leck. Wenn das Leck wie eine Stichwunde aussieht, könnte es auf ein traumatisches Ereignis oder eine abträgliche Beziehung zurückgehen. Wenn es sich anfühlt wie ein Messerschnitt, könnte es auf ein andauerndes Missbrauchsmuster hinweisen.

- **Verschmutzungen:** Die Energie ist gestaut, was darauf hinweisen könnte, dass jemand manipulativ ist.

- **Emotionen:** Häufig kann man mit einer oder beiden Händen die wichtigsten Emotionen oder sogar Überzeugungen wahrnehmen, die das Chakra beeinflussen. Fragen Sie sich unbedingt, ob diese Gefühle oder Gedanken die der Person sind, deren Chakra Sie untersuchen, (oder Ihre eigenen) oder aber die von jemand anderem.

- **Schmerzen:** Eine Hand oder beide können Schmerzen aller Art erspüren, darunter schneidende, stechende, katerartige oder andere, die auf körperliche oder sogar psychische Schmerzen aus diesem oder anderen Leben hinweisen.

Schritt 4: Weitere Chakras/Abschluss. Machen Sie sich Notizen zu dem, was Sie entdeckt haben. Werten Sie, wenn nötig, weitere Chakras aus. Wenn Sie fertig sind, atmen Sie ein paar Mal tief ein und aus und reiben die Hände gegeneinander. Kehren Sie in Ihren Alltag zurück, wenn Sie dazu bereit sind. Je nachdem, was Sie herausgefunden haben, können Sie dann an den Chakras arbeiten, die eine besondere Herausforderung darstellen. Suchen Sie sich dafür eine Übung aus einem anderen Kapitel dieses Buches aus. Lesen Sie Tipp 1, um zu erfahren, wie Sie Ihre Befunde mit einem Pendel überprüfen können.

Tipp 1
Gegenprüfung mit einem Pendel

Nehmen Sie Ihr Pendel zur Hand. Nachdem Sie das Chakra (oder die Chakras) mit den Händen untersucht haben, unterziehen Sie Ihre Schlussfolgerungen einer Gegenprüfung.

Legen Sie zunächst die Ja- oder Nein-Antwort des Pendels fest. Dazu stellen Sie eine Frage, die eindeutig mit Ja oder Nein beantwortet werden kann, und schauen, wie das Pendel ausschlägt. Eine typische Frage könnte sein: »Heiße ich (Ihr Name)?« Sie könnten auch Aussagen formulieren, beispielsweise: »Ich bin eine Frau/ein Mann/ein Mädchen/ein Junge/verheiratet/Single.« Machen Sie die Gegenprüfung, indem Sie gegenteilige Aussagen machen, etwa: »Mein Name ist (falscher Name).«

Gehen Sie nun die Liste der potenziellen Probleme oder Schlussfolgerungen aus Ihrer Einschätzung durch und formulieren Sie entsprechende Fragen. Wenn Sie beispielsweise beim zweiten Chakra eine Überfülle entweichender Energie wahrgenommen haben, stellen Sie dem Pendel eine Frage wie diese: »Wird aus diesem Chakra wirklich zu viel Energie freigesetzt?« Überprüfen Sie jede Einschätzung, die Sie klären möchten.

Die intuitiven Gaben
Was können Sie beurteilen?

Intuition ist Ihr Schlüssel zur Chakra-Beurteilung sowie für die Heilungs- und Manifestationsarbeit. Daher möchte ich Ihnen einige der Probleme vorstellen, die Ihre Intuition aufdecken kann. Die entsprechende Übung wird Ihnen helfen, die Beurteilung und spätere Übungen in diesem Buch durchzuführen. Grundsätzlich kann die Intuition Ihnen helfen, die folgenden Probleme ausfindig zu machen:

Blockaden: Energetisch gesprochen ist eine Blockade gestaute oder zusätzliche Energie. Die entscheidende Frage lautet: »Welche Energie steckt fest?« Hier gibt es folgende Möglichkeiten:

- Ihre eigene unterdrückte oder verdichtete Energie. Sie kann sich aus Gefühlen, negativen Gedanken, Erinnerungen, physischen Giften oder Mikroben zusammensetzen.
- Von anderen aufgenommene Energie. Jedes Chakra kann Energien absorbieren und festhalten, deren Frequenzen in den ihm zugeordneten Frequenzbereich passen. Das können auch die emotionalen, mentalen und physischen Energien anderer sein.

Programme: Ungesunde Ideen und Vorstellungen.

Muster: Programme, die ein sich wiederholendes, wenig hilfreiches Verhalten und entsprechende Reaktionen hervorbringen.

Bollwerke: Dies sind seit Langem bestehende Muster, die sich negativ auf ein Chakra und das damit in Verbindung stehende Aura-Feld auswirken. Sie führen zu physischen, psychischen und spirituellen Problemen. Dies geschieht, weil das Bollwerk sich wiederholende destruktive Verhaltensweisen hervorruft und Menschen oder Situationen anzieht, die den ursprünglichen Verursachern des Musters ähnlich sind. Bollwerke basieren auf Gefühlen (in dem Fall rufen sie immer wieder die gleichen Gefühle hervor), auf Gedanken (was bedeutet, dass sie einen dysfunktionalen Denkprozess immer wieder nachstellen), auf Emotionen (das heißt, sie bestehen aus Gefühlen und Überzeugungen, die sich immer wieder gegenseitig auslösen) oder sie haben eine spirituelle Grundlage (was bedeutet, dass sie Einfluss darauf nehmen, wie wir unsere Göttlichkeit und das Göttliche wahrnehmen).

Anhaftungen: Bollwerke ziehen häufig energetische Verträge oder Bindungen an – oder werden damit verankert. Solche Bindungen werden oft als Schnüre oder Flüche bezeichnet. Energetisch betrachtet sehen sie aus wie Gartenschläuche und repräsentieren eine ungesunde vertragliche Bindung. Schnüre und Flüche können zwischen zwei oder mehr Menschen bzw. zwischen Menschen und jenseitigen Wesenheiten bestehen. Sie haften häufig an Chakras und mit ihnen in Verbindung stehenden Aura-Feldern. Diese energetischen Bindungen verursachen normalerweise einen Verlust positiver und eine Ablagerung negativer Energie.

Wesenheiten oder Entitäten sind körperlose Seelen. Wenn sie sich lebende Menschen als Opfer aussuchen, nenne ich sie auch dunkle Kräfte oder Störungen. Entitäten können auch Geister sein (die Seelen kürzlich Verstorbener, die die Erde erst noch verlassen müssen) oder Geistführer (Wesen, die Lebende im Auftrag des Göttlichen unterstützen). Die bekanntesten Geistführer sind wohlwollende (verstorbene) Vorfahren und Engel.

Verursachende Situation: Die intuitiven Fähigkeiten sind ideale Vehikel, um ein Problem bis zum Zeitraum seiner Verursachung zurückzuverfolgen. Wie wir in Kapitel 2 gesehen haben, sind viele Probleme karmisch bedingt oder durch Kindheits-, familiäre oder historische Muster verursacht. Wir können das äußere Rad eines Chakras aufspüren, um diese Probleme aufzudecken. Verursachende Situationen können auch im Zeitraum der Aktivierung des betreffenden Chakras in der Kindheit liegen. Das Thema Aktivierung der Chakras wird in Kapitel 3 behandelt.

Gaben oder positive Botschaften: Wie in Kapitel 3 dargestellt wurde, haben alle Chakras besondere Fähigkeiten oder intuitive Gaben. Sie tragen auch Erinnerungen an alles Gute in sich. Das Erschließen eines Chakras mithilfe Ihrer Intuition könnte eine längst vergessene Begabung, eine Sehnsucht oder Ihre wahren Gefühle zu einer Situation ans Licht bringen.

 Übung 9
Ein Chakra unter Einsatz intuitiver Gaben beurteilen

Diese Übung soll es Ihnen möglich machen, sich ganz auf ein einzelnes Chakra zu konzentrieren und jeden intuitiven Stil auszuprobieren, um es zu beurteilen. Wenn Sie möchten, können Sie sich anschließend einem anderen Chakra zuwenden. Sie sollten wissen, dass sich Ihr intuitiver Stil jedes Mal verändern kann, wenn Sie sich auf ein Chakra einstimmen.

Beginnen Sie diese Übung, indem Sie an einem Ort, wo Sie ungestört sind, tief ein- und ausatmen und um göttlichen Beistand bitten. Dann beurteilen Sie das Chakra, das Sie sich ausgesucht haben, mit jedem der fünf Stile:

- **Physische Intuition:** Spüren Sie, was mit dem Chakra in Ihrem Körper nicht in Ordnung ist. Vielleicht stimmen Sie sich physisch oder emotional auf ein Problem oder eine verborgene Gabe ein oder »wissen« einfach, was wirklich vor sich geht. Eine Blockade fühlt sich dick und dicht an und weckt Emotionen.

- Eine Anhaftung prickelt vielleicht oder verursacht stechende Schmerzen. Wenn Sie sich fragen, was die Ursache eines alles beherrschenden Gefühls sein könnte, denken Sie an verschiedene Menschen, Situationen, Möglichkeiten oder Ereignisse und achten dabei auf Ihre emotionalen Reaktionen. Wenn Sie an den Gefühlen anderer festhalten oder unter einer Bindung leiden, wird es Ihnen nicht möglich sein, Ihre Empfindungen aus Ihrer persönlichen Geschichte heraus zu erklären.

- **Spirituelle Intuition:** Vertrauen Sie auf das Göttliche oder Ihren eigenen göttlichen Geist, wenn es darum geht, das Vorhandensein von oder den Mangel an Liebe einzuschätzen. Chakra-Blockaden geben Ihnen das Gefühl, nicht liebenswert zu sein oder sich schämen zu müssen. Anhaftungen bewirken, dass Sie sich vom Göttlichen getrennt fühlen. Verursachende Situationen sprechen von beziehungsbezogenen oder spirituellen Herausforderungen. Positive Botschaften und Fähigkeiten lösen liebevolle Reaktionen aus. Die negativen Energien und Schnüre anderer erscheinen als »schlecht« und »falsch«.

- **Verbale Intuition:** Bitten Sie das Göttliche, Sie mit der höchstmöglichen Quelle verbaler Anleitung zu verbinden, um das Chakra beurteilen zu können. Denken Sie nun an Chakra-Blockaden, Bollwerke, Anhaftungen, verursachende Situationen, Gaben und Einsichten und bitten Sie das Göttliche um Sätze, Worte, Lieder, Aussagen oder auch nur Klänge, die Ihnen Aufschluss darüber geben, was hier vor sich geht. Entsprechenden Input können Sie auch bekommen, indem Sie sich einstimmen und dann aufschreiben, was kommt.

- **Visuelle Intuition:** Bitten Sie das Göttliche, Ihnen Bilder, Farben, Formen oder eine Vision der Blockaden, Anhaftungen, verursachenden Situationen, Bedürfnisse, Gaben oder Einsichten zu einem Chakra zu senden. Wenn Sie eine Antwort nicht sofort visualisieren können, legen Sie vor dem Einschlafen ein Blatt Papier und einen Stift neben Ihr Bett. Schreiben Sie Ihre Frage auf das Blatt und bitten Sie das Göttliche, Ihnen einen Traum zu schicken. Machen Sie sich gleich nach dem Aufwachen Notizen zu diesem Traum und denken Sie darüber nach.

- **Mystische Intuition:** Sie haben ein Chakra bereits mit allen vier Arten von Intuition beurteilt. Atmen Sie jetzt ein paar Mal tief durch und bitten Sie das Göttliche, Sie auf etwas anderes aufmerksam zu machen, das Sie über das Chakra wissen müssen, indem Sie alle Ihre intuitiven Gaben gleichzeitig einsetzen. Bitten Sie darum, dass Ihnen gute Geister zur Seite gestellt werden, die Ihnen Informationen oder Inspiration geben. Und fragen Sie, ob Sie ein Gefühl für eine andere Zeit oder einen anderen Ort – oder eine andere Dimension – haben müssen, um das Chakra besser zu verstehen.

Wenn Sie mit Ihrer Beurteilung fertig sind, schreiben Sie Ihre Beobachtungen auf und entscheiden, ob Sie eine weitere Übung aus einem der folgenden Kapitel machen wollen.

Kapitel 6

Klären und heilen
über die Chakras

Nun, da Sie wissen, wie Sie Ihre Chakras orten und mit einem Pendel, Ihren Händen und Ihrer Intuition eine Grundeinschätzung vornehmen können, ist es Zeit, sich an die Arbeit zu machen. In diesem Kapitel lernen Sie, über die Chakras zu klären und zu heilen. Dies sind zwei der beliebtesten Anwendungen der Chakra-Magie.

Klären bedeutet, schädliche oder unnötige Energien aus den Chakras zu löschen. In der Regel fühlen Sie sich nach einer Klärung erfrischt, erneuert und erleichtert.

Das Wort *heilen* bedeutet »heil« oder »ganz machen«. Heilen und Klären gehen oft Hand in Hand, aber das Heilen kann auch im Hinzufügen wohltuender Energien und im Herbeiführen eines gesünderen Zustands bestehen. In diesem Kapitel erfahren Sie, wie Sie beides mit Ihren Händen und Ihrer Intuition bewerkstelligen können – und das Pendel spielt auch eine Rolle.

Neben grundlegenden Klärungs- und Heilungsübungen stelle ich in diesem Kapitel eine ganz besondere Übung vor und gebe zwei Tipps. Sie dient der Schmerzreduktion. Im Prozess des Klärens und Heilens arbeiten Sie zunächst mit Ihren Händen und dann mit Ihren intuitiven Fähigkeiten. Wenn Sie sich von Schmerzen befreien können, schenken Sie sich die Freiheit, Ihr Leben wirklich zu leben.

Machen Sie bei Bedarf noch einmal Übung 2 »Ein Chakra auf die Handfläche übertragen« und Übung 4 »Zwischen der empfangenden und der sendenden Hand unterscheiden«.

Übung 10
Ein Chakra mit den Händen klären

Sie können diese Übung an sich selbst oder an einer anderen Person machen. Wenn Sie mit einem Chakra fertig sind, können Sie ein weiteres klären. Denken Sie daran, dass Sie bei Bedarf eines Ihrer Chakras auf Ihre Handfläche übertragen können. Das können Sie auch machen, um einer anderen Person zu helfen. Wann wäre das sinnvoll? Ich mache es, wenn ich am Telefon mit jemandem arbeite. Oder wenn ich es zwar direkt mit der Person zu tun habe, aber nicht an das entsprechende Chakra herankomme.

Schritt 1: Eine Absicht setzen. Konzentrieren Sie sich auf Ihren Wunsch, ein bestimmtes Chakra, eine Reihe von Chakras oder alle Chakras zu klären. Entscheiden Sie sich, ob

Sie auf der Vorder- oder auf der Rückseite des Körpers arbeiten möchten. Sie können sich entweder auf eine allgemeine Klärung oder auf eine Klärung zu einem bestimmten Zweck konzentrieren.

Beispiele für einen solchen Zweck sind das Auflösen blockierter emotionaler Energien oder die Befreiung von den Energien anderer.

Schritt 2: Die Hände öffnen. Reiben Sie die Handflächen mehrmals gegeneinander und unterscheiden Sie zwischen Ihrer sendenden und Ihrer empfangenden Hand (Übung 4).

Schritt 3: Unerwünschte Energien herausziehen. Halten Sie Ihre empfangende Hand fünf bis fünfzehn Zentimeter von dem ersten Chakra entfernt, an dem Sie arbeiten möchten, und ziehen Sie die schädlichen Energien heraus. Lassen Sie diese Energien um Ihre Hand herum fließen und bitten Sie darum, dass Ihr Geist oder das Göttliche diese gerade freigesetzten Energien wegnimmt.

Schritt 4: Erwünschte Energien hinzufügen. Halten Sie Ihre sendende Hand fünf bis fünfzehn Zentimeter von dem Chakra entfernt und bitten Sie darum, dass wohltuende Energien in das Chakra fließen. Diese Energien können um Ihre Hand herum direkt in das Chakra strömen.

Schritt 5: Integrieren. Halten Sie beide Hände in die Nähe des Chakras oder, wenn das möglich ist, eine auf die Vorder- und eine auf die Rückseite der entsprechenden Körperstelle. In der Regel halten Sie die Hände mindestens fünf Zentimeter vom Körper entfernt. Mit Erlaubnis der anderen Person können Sie auch direkt auf der Haut oder Kleidung arbeiten. Bitten Sie um die Integration und den Ausgleich der Energien.

Schritt 6: Weitermachen/Abschließen. Führen Sie den Klärungsprozess mit allen Chakras durch, an denen Sie arbeiten wollten. Schütteln Sie am Ende die Hände aus und bitten Sie das Göttliche, noch verbleibende ungünstige Energie ganz auszuräumen. Atmen Sie ein paar Mal tief durch und kehren Sie in Ihren Alltag zurück.

Tipp 2
Ein Chakra auf Ihrer Handfläche klären

In Kapitel 5, Übung 6 haben Sie gelernt, wie Sie ein Chakra auf Ihre Handfläche übertragen und dessen Drehrichtung bestimmen können. Während Sie in jener Übung ein Pendel eingesetzt haben, brauchen Sie hier kein Instrument. Setzen Sie stattdessen die Absicht, ein Chakra ganz bewusst in Ihrer Handfläche zu verankern.

Sie können die Absicht auch einsetzen, um das Chakra von der Vorder- auf die Rückseite des Körpers zu verlagern, und dann mit Ihrer anderen Hand die Klärungsarbeit auf Ihrer Handfläche ausführen. Dabei nutzen Sie die Absicht, die Hand vom Empfangsmodus in den Sendemodus zu versetzen.

Mit der entsprechenden Absicht kann diese eine Hand auch beide Tätigkeiten gleichzeitig ausführen und so für Integration sorgen. Immer ist die Absicht der Schlüssel. Sie können einfach darum bitten, dass Ihr »weises Selbst« oder der Geist mit der Vorder- und Rückseite eines Chakras (des Chakras, das Sie auf Ihre Handfläche übertragen haben) gleichzeitig in Wechselwirkung tritt. Dies wird durch die aktive Hand bewerkstelligt. Dieser Prozess ist besonders nützlich, wenn Sie schnell arbeiten müssen.

🪷 *Übung 11*
Chakra-Heilung mit den Händen

In dieser Übung liegt die Konzentration mehr auf Schwingungen als auf Informationen. Das heißt, dass Sie keine bestimmten Probleme oder Emotionen analysieren, sondern nur mit der Wahrnehmung feinstofflicher und physischer Energie arbeiten. Aus diesem Grund empfehle ich diese Übung vor allem, wenn Sie physisch oder spirituell intuitiv sind. Vertrauen Sie grundsätzlich auf das, was Sie mit Ihren Händen fühlen, und interpretieren Sie, was Sie aufnehmen, egal ob Sie an sich selbst oder mit einer anderen Person arbeiten.

Schritt 1: Die Chakras auswählen. Entscheiden Sie, mit welchen Chakras Sie arbeiten möchten, und orten Sie diese mithilfe der Übungen in Kapitel 4. Ich empfehle Ihnen, mit den Vorder- und Rückseiten der Chakras zu interagieren. (Optional können Sie die Anregung aus Tipp 3 hier nutzen.)

Schritt 2: Die Hände öffnen. Reiben Sie die Handflächen mehrmals gegeneinander und unterscheiden Sie zwischen Ihrer sendenden und Ihrer empfangenden Hand (Übung 4).

Schritt 3: Orten und beurteilen. Orten und beurteilen Sie eines der ausgewählten Chakras, und zwar sowohl dessen Vorder- als auch dessen Rückseite. Machen Sie sich Notizen zu Ihren Entdeckungen, wenn Sie möchten.

Schritt 4: Reparatur. Reparieren Sie die Vorder- und die Rückseite des ausgewählten Chakras. Bitten Sie das Göttliche, die richtigen eingehenden Energien bereitzustellen und die freigesetzten Energien an einen sicheren Ort zu bringen.

So arbeiten Sie mit verschiedenen Befunden:

- **Gleichmäßige Bewegungen:** Wenn die Chakra-Energie ausgeglichen ist, klären Sie das Chakra mit dem in Übung 10 vorgestellten Prozess. Dann beenden Sie die Sitzung oder gehen zu einem anderen Chakra über.

- **Zu wenig Energie wird freigesetzt:** Ziehen Sie mit Ihrer empfangenden Hand unnötige Energien – welche die Energiefreisetzung blockieren könnten – aus dem Chakra und schicken Sie benötigte Energien mit Ihrer sendenden Hand hinein.

- **Zu viel Energie wird freigesetzt:** Fügen Sie mit Ihrer sendenden Hand Energien hinzu, die benötigt werden, um ein Ausbluten abzuwenden und das Chakra wieder zu füllen. Schaffen Sie mit derselben Hand einen energetischen Filter, der wohltuende Energie in dem entsprechenden Chakra zurückhält. Die einfachste Möglichkeit dafür besteht darin, diesen Prozess als bereits beendet zu visualisieren.

- **Zu viel Energie wird aufgenommen:** Mit Ihrer empfangenden Hand ziehen Sie überflüssige Energie heraus. Schaffen Sie mit Ihrer sendenden Hand ein Energienetz zum Schutz des Chakras.

- **Zu wenig Energie wird aufgenommen:** Setzen Sie Ihre sendende Hand ein, um benötigte Energie einzubringen und interne Probleme zu lindern. Niedriges Energieniveau: Setzen Sie Ihre sendende Hand ein, um fehlende Energien zu liefern und mehr freudvolle Emotionen zu stimulieren.

- **Zum Bersten voll mit Energie:** Nehmen Sie Ihre empfangende Hand, um festsitzende Energie aus dem Chakra zu ziehen. Setzen Sie Ihre sendende Hand ein, um Körper, Seele oder Geist mit Heilkraft zu versorgen.

- **Kribbeln:** Integrieren Sie die bereits begonnene Transformation mit beiden Händen.

- **Wärme:** Setzen Sie beide Hände ein, um noch mehr benötigte Energie hinzuzufügen und gleichzeitig die Überstimulierung zu verringern. Gleichen Sie dann das Chakra aus.

- **Kälte:** Nehmen Sie beide Hände, um die aktuelle Freisetzung unerwünschter Energie fortzusetzen und notwendige Energie hinzuzufügen.

- **Löcher:** Setzen Sie Ihre sendende Hand ein, um benötigte Energien hinzuzufügen oder zu stimulieren und um Anhaftungen (Schnüre oder Flüche) aufzulösen, die Energie rauben.

- **Lecks:** Mit Ihrer sendenden Hand schließen Sie das Leck und lösen Anhaftungen auf.
- **Spalte oder Risse:** Setzen Sie beide Hände ein, um irgendwelche eiternden inneren Wunden zu heilen. Nähen Sie die Risse mit Ihrer sendenden Hand und helfen Sie dem Chakra, sich zu erholen – von wem oder was auch immer die Verletzung verursacht wurde.
- **Verschmutzungen:** Nehmen Sie Ihre empfangende Hand, um verdichtete Energie aus dem Chakra zu ziehen, und Ihre sendende Hand, um ein schützendes Netz zu schaffen.
- **Emotionen:** Wenn Gefühle oder Überzeugungen offensichtlich werden, bitten Sie das Göttliche um Hilfe bei der Frage, wie unterdrückte Probleme verarbeitet, unberechenbare Gefühlsausbrüche abgemildert und dysfunktionale Überzeugungen geändert werden können oder wie Sie bestimmte Einflüsse ausschalten können.

Schritt 5: Weitermachen. Arbeiten Sie mit den restlichen Chakras auf Ihrer Liste, indem Sie sämtliche Schritte wiederholen.

Schritt 6: Abschließen. Halten Sie beide Hände über das Chakra, mit dem Sie gearbeitet haben (oder über das Herz-Chakra, wenn Sie mit mehreren Chakras interagiert haben). Wenn Sie auf Ihrer Handfläche gearbeitet haben, können Sie die Übung ebenfalls abschließen, indem Sie zum Herz-Chakra gehen. Bitten Sie um einen vollständigen Ausgleich der Energien. Reiben Sie Ihre Hände gegeneinander und lassen Sie die Hände dann zu beiden Seiten des Körpers nach unten sinken, bevor Sie in Ihren Alltag zurückkehren.

Tipp 3
Handauflegen mit Chakra-Untergliederungen

Haben Sie bereits ein Gefühl dafür, ob Ihr Problem in erster Line ein physisches, psychisches oder spirituelles ist? Dann lenken Sie den Heilvorgang mittels dieser Tabelle der Chakra-Untergliederungen. Arbeiten Sie mit den Chakras – auf der Vorder- und Rückseite – speziell bezogen auf Ihr Anliegen.

Chakra	Unter-gliederung	Wirkung
Erstes	physisch	unterstützt Ihre physische Gesundheit, Ihre Bedürfnisse und Ihr Wohlbefinden; interagiert mit der materiellen Wirklichkeit
Zweites Drittes Viertes	psychisch	steuern Emotionen, Gedanken und Beziehungen; bauen Ihr psychisches Wohlbefinden auf
Fünftes Sechstes Siebtes	spirituell	steuern Kommunikation und persönlichen Ausdruck, das Senden und Empfangen von Einsichten und die spirituelle Identität

Übung 12
Ein kausales Problem mit Intuition heilen

Intuition ist das ideale Vehikel, um ein ursächliches Problem aufzudecken und anzugehen. Anregungen, was Sie ansprechen können, finden Sie unter der Überschrift »Die intuitiven Gaben«.

Diese Übung ist so konzipiert, dass Sie sie allein machen können. Sie können sie aber auch ganz einfach an die Arbeit mit einer anderen Person anpassen. Wissen sollten Sie zudem, dass Sie hier auf das innere Rad des Chakras zugreifen, wo das kausale Problem beheimatet ist. Die Unterschiede zwischen dem inneren und dem äußeren Rad wurden in Kapitel 2 erläutert.

Die folgenden Schritte führen Sie durch einen intuitiven Heilungsprozess.

Schritt 1: Intuitiv öffnen. Atmen Sie ein paar Mal tief durch und bitten Sie das Göttliche, den Zugang zu Ihren intuitiven Fähigkeiten sicher und weise zu öffnen.

Schritt 2: Ein Thema und ein Chakra wählen. Gibt es ein Problem oder Thema, das Sie umtreibt? Konzentrieren Sie sich auf dieses Problem und fragen Sie das Göttliche, mit welchem Chakra es in Verbindung steht. Blättern Sie bei Bedarf zu Kapitel 3 zurück und schauen Sie sich die Themen und Probleme, die mit den einzelnen Chakras in Verbindung stehen, noch einmal an. Sie können das mit einem kausalen Problem in Verbindung stehende Chakra auch mithilfe von Tipp 4 ausfindig machen. Dafür benötigen Sie ein Pendel.

Schritt 3: Eine Intention setzen. Formulieren Sie eine Absicht, die es Ihnen möglich macht, das Problem über das entsprechende Chakra bis zu einer ursächlichen Situation zurückzuverfolgen und dann das verwundete Selbst zu heilen. Sie können beispielsweise sagen: »Ich will die Ursache meines Problems aufdecken, damit ich das Göttliche bitten kann, mein verletztes Selbst vollständig zu heilen.«

Schritt 4: Vorbereitung. Suchen Sie sich spätestens jetzt einen Ort, wo Sie ungestört sind. Kommen Sie innerlich zur Ruhe und konzentrieren Sie sich auf das mit dem kausalen Problem in Verbindung stehende Chakra. Stellen Sie sich vor, dass es in dem Chakra ein Tor gibt, das Gegenwart und Vergangenheit miteinander verbindet. Schließen Sie dieses Tor auf. Wenn es aufschwingt, gehen Sie hindurch. Bitten Sie das Göttliche, Sie direkt in die Situation zu führen, in der das Problem seinen Anfang genommen hat.

Schritt 5: Noch einmal erleben und lernen. Nehmen Sie Ihr verwundetes Selbst wahr. Bekommen Sie ein Gefühl dafür, wie es aussieht: Alter, Geschlecht, Erscheinungsbild und sogar, in welcher Epoche es gelebt hat, wenn Sie es mit Ihrem Selbst in einem anderen Leben zu tun haben. Geben Sie diesem Selbst Gelegenheit, die Erfahrung aufzudecken, die das Problem verursacht hat.

Wenn Sie das Gefühl haben, dass Ihr verwundetes Selbst die Situation vollständig gezeigt und erklärt hat, lassen Sie Ihr bewusstes Selbst in die historische Szene »fallen«, indem Sie die Trennung zwischen sich und Ihrem verwundeten Selbst aufheben. Wenn sie ganz aufgehoben ist, geraten Sie sogar noch tiefer in die originale oder verursachende Situation und bringen Ihre jetzt weiterentwickelte Persönlichkeit in die damaligen Umstände. Stellen Sie dem Göttlichen dann folgende Fragen:

- Was genau ist damals passiert, das diesen lang anhaltenden Stress verursacht hat?
- Wer war in das Drama involviert, und welche Rolle hat jede Person oder jedes Wesen gespielt?
- Habe ich Energien aufgenommen, die nicht meine waren, und welche könnten das gewesen sein?
- Welche Gefühle sind in dieser Situation hervorgerufen worden, und wie haben sie mich beeinflusst?
- Welche Muster oder Bollwerke haben sich gebildet, und wie haben sie sich negativ auf mich ausgewirkt?
- Wurden in dieser Situation Schnüre, Flüche oder andere Anhaftungen etabliert?

Schritt 6: Das Geschenk annehmen. Ungeachtet des Schadens, den eine Situation angerichtet haben mag, sie kann immer auch eine Quelle des Wachstums und der Reifung sein. Konzentrieren Sie sich also auf den Silberstreif am Horizont und lernen Sie aus der Erfahrung. Sie können Ihren persönlichen Geist oder das Göttliche bitten, die höheren Lehren an Sie weiterzugeben. Fragen Sie das Göttliche dann, wie Sie diese Weisheit in Ihrem Alltag umsetzen können.

Schritt 7: Die Verwandlung. Bitten Sie das Göttliche, Sie in die Gegenwart zurückzubringen. Das Göttliche umschließt Sie mit seinen goldenen Flügeln und trägt Sie durch das Chakra-Tor, das Vergangenheit und Gegenwart voneinander trennt. Das Göttliche geleitet Sie mit liebevoller Achtsamkeit ins innere Rad des Chakras und wiegt Sie in dem göttlichen Licht, das in dieser inneren Kammer jederzeit zur Verfügung steht. Der Durchgang zwischen den Zeiten schließt sich wieder.

Dieses Licht macht Ihre Heilung und Verwandlung komplett, indem es die Weisheit hervorhebt, die Sie durch diese ursächliche Erfahrung hinzugewonnen haben. Am Ende bleibt nur die Lehre. Die Wunde wurde gereinigt, geheilt und transformiert. Während Sie noch in diesem inneren Kreis verweilen, strömt das Licht des Göttlichen aus dem inneren in das äußere Rad und durchstrahlt dann das ganze Chakra.

Schnüre und Flüche werden gelöscht. Löcher werden aufgefüllt. Lecks, Stichwunden und andere Verletzungen werden versiegelt und geheilt, wenn das kausale Problem – und das ursprünglich verwundete Selbst – beruhigt ist. Die Energien anderer sind zu ihrem Ursprung zurückgekehrt und alles Schmerzhafte ist sanft, aber mit Nachdruck verwandelt worden. Allmählich identifizieren Sie sich wieder mit dem Hier und Jetzt und fühlen sich so ganz wie vielleicht noch nie zuvor.

Genießen Sie Ihre Heilung, denn Sie sind frei von der Vergangenheit und bestens auf die Zukunft vorbereitet.

Kehren Sie im Zustand der inneren Ruhe in Ihren Alltag zurück.

Tipp 4
Ein kausales Problem mit dem Pendel überprüfen

Wenn Sie den Ursprung eines kausalen Problems herausfinden möchten, nehmen Sie ein Pendel zur Hand und halten es über das kausale Chakra. Legen Sie die Ja- oder Nein-Antwort des Pendels fest, wie Sie es im ersten Teil von Tipp 1 gelernt haben.

Wenn Sie ein kausales Problem intuitiv wahrgenommen haben, fragen Sie das Pendel, ob Sie richtig liegen. Formulieren Sie Ihre Frage so, dass nur ein Ja oder ein Nein als Antwort möglich ist. Sie können beispielsweise fragen: »Hat das Problem begonnen, als ... (hier Ihre Idee einfügen)?«

Sie können das Pendel auch einsetzen, um einen kausalen Zeitraum näher heranzuzoomen. Beginnen Sie mit der Frage nach den grundsätzlichen Möglichkeiten. Dazu können frühere Leben, epigenetisches Material, Kindheit und Erwachsenenleben gehören und jede andere Option, die Ihnen einfällt. Sie können beispielsweise fragen: »Ist dieses Problem in einem früheren Leben entstanden?« Anschließend können Sie die Zeit weiter eingrenzen, indem Sie nach Jahrhunderten, Dekaden und so weiter fragen.

Chakras und kindliche Entwicklung

Mühen Sie sich ab, um den Ursprung Ihres Chakra-basierten Problems aufzudecken? Blättern Sie zu den Abschnitten über die Chakra-Aktivierung in einem bestimmten Alter zurück (Kapitel 3), um Übung 12 »Ein kausales Problem mit Intuition heilen« machen zu können.

Beispielsweise wird das erste Chakra von der Zeit im Uterus bis zum Alter von sechs Monaten aktiviert. Wenn das verursachende Chakra das erste ist, sollten Sie sich bei der Heilung auf Ereignisse konzentrieren, die in diesem Zeitraum stattgefunden haben.

Die Aktivierungszeiträume der Chakras sind wie folgt:

Erstes Chakra: Zeit im Uterus bis sechs Monate
Zweites Chakra: sechs Monate bis zweieinhalb Jahre
Drittes Chakra: zweieinhalb Jahre bis viereinhalb Jahre
Viertes Chakra: viereinhalb bis sechseinhalb Jahre
Fünftes Chakra: sechseinhalb bis achteinhalb Jahre
Sechstes Chakra: achteinhalb bis vierzehn Jahre
Siebtes Chakra: vierzehn bis einundzwanzig Jahre

Übung 13
Besonderer Heilungsschwerpunkt:
Schmerzlinderung über Ihre Hände

In dieser Übung konzentrieren Sie sich darauf, Ihre Hände zur Schmerzlinderung über dem ersten Chakra und im siebten Aura-Feld einzusetzen. Übung 14 »Schmerzlinderung durch die Koshas« kann gemacht werden, wenn am Ende dieser Übung noch Schmerzen vorhanden sind.

Um zu verstehen, wie diese Übung funktioniert, müssen Sie wissen, dass das erste Chakra bei chronischen oder akuten Schmerzen immer bis zu einem gewissen Grad involviert ist. Das erste Chakra ist die zentrale Abrechnungsstelle für rote Energie, die Lebensenergie, Vitalität, Leidenschaft, Entzündung, Körperlichkeit und Feuer repräsentiert. Ein Zuviel an roter Energie im ersten Chakra verursacht einen Stau oder eine Blockade und kann zu Entzündungen im Körper führen. Umgekehrt kann auch zu wenig rote Energie im ersten Chakra Schmerzen verursachen. Dies geschieht, weil rote Energie notwendig ist, um Giftstoffe zu beseitigen oder auszubrennen.

Die Lösung besteht darin, die Außengrenzen des siebten Aura-Felds als Ein- und Auslassventile zu verwenden. Die Überlegung ist, dass über dieses Feld eintretende Energien alle unteren Felder passieren und in die Chakras gelangen. Außerdem kann das siebte Chakra Energien aus einem oder allen Chakras und Aura-Feldern freisetzen und in die Umgebung senden. Auf diese Weise wird das siebte Aura-

Feld sowohl zum Eintrittspunkt für wohltuende Energien als auch zum Austrittspfad für unnötige und toxische Energien. Indem wir das erste Chakra und die siebte Aura-Schicht verbinden, sorgen wir für eine unmittelbare Entlastung des Schmerzsystems und bringen das Gegenmittel ins Spiel.

Die folgenden Schritte ermöglichen diese Heilung, und zwar unabhängig davon, ob Sie sie an sich selbst oder einer anderen Person durchführen.

Schritt 1: Vorbereitung. Reiben Sie Ihre Hände gegeneinander und legen Sie Ihre empfangende und Ihre sendende Hand fest (siehe Übung 4). Orten Sie das erste Chakra, wenn Sie möchten unter Einsatz eines Pendels.

Halten Sie Ihre empfangende Hand ein paar Zentimeter über das erste Chakra. Halten Sie dann Ihre sendende Hand eine Armlänge vom ersten Chakra entfernt. Wenn Sie an sich selbst arbeiten, strecken Sie Ihren Arm einfach so weit wie möglich aus. Setzen Sie die Absicht, dass die sendende Hand eine Verbindung zwischen Ihnen und dem äußeren Rand des siebten Aura-Feldes herstellt.

Schritt 2: Energie freisetzen. Bitten Sie darum, dass die Energie, die Schmerzen verursacht, aus dem ersten Chakra durch die gesamte Aura gesendet wird und durch das siebte Aura-Feld austritt. Das Göttliche wird diese Energie aufnehmen und woanders hinschicken. Die empfangende Hand zieht das Giftige buchstäblich aus dem Chakra, und die sendende Hand entlässt diese Energie durch das siebte Aura-Feld in die Umgebung, wo sie vom Göttlichen umgewandelt wird. Lassen Sie die austretenden Energien um Ihre Hände fließen, sodass Sie Ihnen keine weiteren Probleme bereiten.

Schritt 3: Energie aufnehmen. Tauschen Sie die Hände. Verankern Sie Ihre empfangende Hand am äußeren Rand des siebten Aura-Feldes. Die Handfläche zeigt nach außen. Halten Sie die sendende Hand in die Nähe des ersten Chakras. Die Handfläche zeigt nach innen. Bitten Sie um die Aufnahme wohltuender Energien aus der Umgebung (oder vom Göttlichen). Diese Energien strömen über Ihre empfangende Hand ein. Richten Sie den Zeigefinger Ihrer sendenden Hand auf Ihr erstes Chakra und lenken Sie heilende Energie in dieses Chakra hinein. Alle Energien fließen um Ihre Hände, damit Sie Ihnen keinen Schaden zufügen können.

Schritt 4: Ausgleichen. Halten Sie beide Hände über das erste Chakra und bringen Sie es wieder ins Gleichgewicht. Bitten Sie darum, dass diese ausgeglichene Energie durch die Nadis aufsteigt und sowohl in jedes Chakra als auch in jedes Aura-Feld eindringt. Versetzen Sie sich in einen Zustand des Friedens und der Ruhe und genießen Sie Ihre größere Schmerzfreiheit.

Schritt 5: Loslassen. Atmen Sie tief durch und nehmen Sie Ihre Hände vom ersten Chakra. Bitten Sie das Göttliche, die Aufsicht über den Heilungsprozess beizubehalten und weiterhin Heilung und Schmerzlinderung zu senden, bis der Prozess abgeschlossen ist.

Schritt 6: Abschließen. Kehren Sie in Ihren Alltag zurück, wenn Sie dazu bereit sind.

Anmerkung: Sie können die Übung genau so machen wie oben beschrieben und dabei Ihre Hände einfach durch Ihre Intuition ersetzen. Bedienen Sie sich hierfür des intuitiven Stils, der Ihnen am angenehmsten ist. Setzen Sie für die Schritte 2 bis 4 eine entsprechende Absicht.

🪷 *Übung 14*
Schmerzlinderung durch die Koshas

Manchmal kann uns das Stimulieren unseres höheren Bewusstseins von den Ursachen unserer Schmerzen – und den Schmerzen selbst – befreien. Wir können uns der kausalen Probleme bewusst werden, indem wir die Kräfte in den Koshas aktivieren, jenen Hüllen des Bewusstseins, die in Kapitel 2 vorgestellt wurden. Dieser Prozess kann besonders wohltuend sein, wenn noch Schmerzen vorhanden sind, nachdem Sie Übung 13 gemacht haben.

Konzentrieren Sie sich auf jedweden noch verbleibenden Schmerz. Bitten Sie das Göttliche, Sie durch jeden der fünf Koshas zu führen. Dann rezitieren Sie die Aussagen, die jedem einzelnen zugeordnet sind. Dies können Sie laut oder leise tun. Machen Sie eine Pause zwischen den einzelnen Aussagen und konzentrieren Sie sich auf Ihre Reaktionen, während Sie dem Göttlichen die Erlaubnis geben, Klärung und Heilung zu bewirken.

- **Physischer Kosha:** »Jetzt gebe ich die Ursachen der Schmerzen frei, die ich in meinem Körper festgehalten habe, und aktiviere die unsichtbaren Energien, die mir helfen können, meine Heilungsabsichten wahr werden zu lassen.«

- **Lebenskraft-Kosha:** »Ich lasse zu, dass meine Lebenskraft so umgeleitet wird, dass sie meine Heilung fördert.«
- **Mental-Kosha:** »Ich werde mir der dysfunktionalen Überzeugungen bewusst, die meine Heilung behindern.«
- **Weisheits-Kosha:** »Ich lasse zu, dass höhere Wahrheiten die Überzeugungen verändern, die meiner Heilung im Weg stehen.«
- **Glückseligkeits-Kosha:** »Ich öffne mich für die spirituelle Energie, die mich auf eine höhere Ebene heben und vollständige Heilung fördern kann.«

Bleiben Sie auf das Gewahrsein der Glückseligkeit konzentriert, denn sie nimmt die Schmerzen kontinuierlich weg und stellt die Leichtigkeit wieder her.

Kapitel 7

Stress abbauen
über die Chakras

Wenn etwas im Leben – abgesehen von Steuern – garantiert ist, dann Stress. Stress ist unsere Antwort auf Anforderungen, die von außen an uns gestellt werden. In der Regel können wir nicht ändern, was um uns herum geschieht, aber wir können unsere Reaktionen darauf verändern. Unter bestimmten Umständen können wir unsere reaktiven Energien sogar dahingehend transformieren, dass sie uns nützen, statt uns zu verletzen.

In diesem Kapitel werden Übungen vorgestellt, die eine Stressbewältigung über die Chakras ermöglichen. Über unsere Chakras können wir eine negative Wahrnehmung in eine hilfreiche verwandeln, zuträgliches Handeln stimulieren und unsere allgemeine Reaktionsfreudigkeit dämpfen.

Dieses Kapitel zeigt eine Reihe interessanter, unterhaltsamer und interaktiver Möglichkeiten auf, wie man die Stressfaktoren des Lebens nicht nur bewältigen, sondern sogar von ihnen profitieren kann. Dazu gehören meditatives Atmen, das Visualisieren von Farben, das Tönen, das Heilen mit Archetypen und die Edelsteintherapie. Die beiden Tipps dieses Abschnitts geben zusätzliche Anregungen.

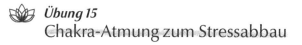

Übung 15
Chakra-Atmung zum Stressabbau

Die meisten Chakra-Übungen fördern die meditative Atmung. Tiefes und fokussiertes Atmen beruhigt und integriert Körper, Geist und Seele. Außerdem aktiviert es Ihren Geist und überträgt dem höheren Selbst die Verantwortung für Ihre Lebensaktivitäten, Ihre Entscheidungsfindung und Ihre Stressreaktionen.

In dieser Übung lassen Sie Ihren Atem die ganze Klärungs- und Ausgleichsarbeit für jedes Chakra machen. Wenn das Chakra ausgeglichen ist, haben Sie eine größere Chance, dass auch Sie ausgeglichen bleiben – egal, was das Leben Ihnen vor die Füße wirft. Sie beginnen mit Ihrem ersten Chakra und arbeiten sich von dort nach oben.

Die folgenden Schritte können gemacht werden, wann immer Sie sich überanstrengt fühlen.

Schritt 1: Einen reinigenden Atemzug nehmen. Atmen Sie tief ein und füllen Sie Ihre Lunge mit Luft. Erkennen Sie an, dass diese eingeatmete Luft voll ist von allen liebevollen, nährenden Energien, die Sie brauchen. Atmen Sie dann vollständig aus und geben Sie dabei alle toxischen Energien frei. Atmen Sie dann wieder normal.

Schritt 2: Das Chakra beruhigen. Richten Sie Ihre Aufmerksamkeit auf Ihr erstes Chakra. Atmen Sie tief ein und bitten Sie das Göttliche, dieses Chakra mit reinigenden, heilsamen Energien zu füllen. Atmen Sie aus und bitten Sie dabei das Göttliche, unnötige oder ungesunde Energien freizusetzen. Diese Gifte fließen in die Umgebung, wo das Göttliche sie zum höchsten Wohle aller umwandelt. Atmen Sie auf diese Weise weiter, bis das Chakra ganz sauber ist und Sie sich ganz entspannt fühlen.

Schritt 3: Mit der Chakra-Entspannung fortfahren. Konzentrieren Sie sich nun auf Ihr zweites Chakra. Wiederholen Sie Schritt 2 und nehmen Sie sich dann nach und nach die anderen Chakras vor.

Schritt 4: Abschließen. Atmen Sie noch einmal tief ein und konzentrieren Sie sich auf Ihr Herz-Chakra. Atmen Sie dann noch ein paar Mal tief ein und aus und bitten Sie das Göttliche, alle Ihre Chakras in Beziehung zueinander zu bringen. Kehren Sie in Ihren Alltag zurück, wenn Sie fertig sind.

🪷 *Übung 16*
Die Chakras färben

Die Chakras mit ihren natürlichen Farbtönen zu füllen ist eine der einfachsten Möglichkeiten, sie zu reinigen, auszugleichen und wiederherzustellen. Das Ergebnis ist ein

Freisetzen negativer Gefühle, eine Woge der Kraft und eine Aktivierung Ihrer spirituellen Essenz. Diese einfache Übung kann schnell und unter allen Umständen gemacht werden.

Ich schlage vor, dass Sie mit Ihrem ersten Chakra beginnen und sich dann auf der Chakra-Leiter nach oben bewegen. Sie arbeiten mit den Farben und Eigenschaften der Chakras, die in der folgenden Liste aufgeführt sind:

- **Erstes Chakra:** Rot – Leidenschaft, Aufregung, Energetisierung
- **Zweites Chakra:** Orange – Innovation, Sinnlichkeit, Begeisterung
- **Drittes Chakra:** Gelb – Klarheit, Optimismus, Konzentration
- **Viertes Chakra:** Grün – Heilung, Liebe, Verbundenheit
- **Fünftes Chakra:** Blau – Wissen, Gelassenheit, Weisheit
- **Sechstes Chakra:** Violett – Vision, Strategie, mystische Führung
- **Siebtes Chakra:** Weiß – Reinheit, Spiritualität, Glückseligkeit

Anmerkung: Sie können auch die in Kapitel 1 besprochenen alternativen Farben für das sechste und siebte Chakra verwenden, also Indigo und Purpur. Die Eigenschaften sind dieselben. Und jetzt viel Spaß mit der Übung!

Schritt 1: Vorbereitung. Setzen Sie sich an einen Ort, wo Sie ungestört sind, und atmen Sie tief durch. Konzentrieren Sie sich auf das gewählte Chakra. Denken Sie an seine natürliche Farbe und seine Eigenschaften.

Schritt 2: Farbe in das Chakra bringen. Konzentrieren Sie sich auf das Chakra, bringen Sie Ihr Bewusstsein in sein Zentrum. Es lässt sich im inneren Rad nieder. Stellen Sie sich vor, dass das Göttliche die Farbe des Chakras in diese Kammer gießt wie aus einem riesigen, mit flüssigem Licht gefüllten Krug. Dieses farbige Licht spritzt aus dem inneren Rad. Dann schwappt es in das äußere Rad und schließlich durch das gesamte Chakra und das damit in Verbindung stehende Aura-Feld.

Schritt 3: Die Eigenschaft durchdringen. Denken Sie nun über die Eigenschaften nach, die mit jener Farbe in Verbindung gebracht werden. Genießen Sie die sich ergebende Veränderung in dem Chakra, aber auch in Ihrer Einstellung zum Stress in Ihrem Leben.

Schritt 4: Wiederholen. Nähren Sie Ihre verbleibenden Chakras mit den entsprechenden Farben und Eigenschaften, indem Sie die Schritte 2 und 3 jeweils wiederholen.

Schritt 5: Abschließen. Bitten Sie das Göttliche oder Ihren Geist, alle Chakras neu auszugleichen. Wenn Sie sich wiederhergestellt fühlen, atmen Sie tief durch und kehren in Ihr normales Leben zurück.

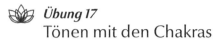

Übung 17
Tönen mit den Chakras

In Kapitel 3 haben Sie die Bija-Mantras (Keimsilben) der Chakras kennengelernt. Das Tönen einer Keimsilbe ist eine sichere Methode, um negative Energien physischer, psychischer oder spiritueller Natur freizusetzen. In dieser Übung werden Sie aufgefordert, jedes Chakra auf die zugehörige Keimsilbe einzustimmen. Sie können in beliebiger Reihenfolge mit mehreren Chakras arbeiten – oder einfach mit dem, das es am meisten nötig hat.

Zur Erinnerung, die Bija-Mantras oder Keimsilben sind den Chakras wie folgt zugeordnet:

- **Erstes Chakra:** Lam.
- **Zweites Chakra:** Vam.
- **Drittes Chakra:** Ram.
- **Viertes Chakra:** Yam.
- **Fünftes Chakra:** Ham.
- **Sechstes Chakra:** Om (mit einem langen O).
- **Siebtes Chakra:** Keine bestimmte Keimsilbe. Dieses Chakra wird jedoch mit einem Hauchlaut (Visarga), nämlich »ahhh« in Verbindung gebracht sowie mit dem Laut »ng« wie in »singen«.

Gehen Sie nun folgende Schritte auf Ihrem Klangweg zu Leichtigkeit und Anmut.

Schritt 1: Vorbereiten. Nehmen Sie sich ein paar Minuten Zeit, in denen Sie nicht gestört werden, und entspannen Sie sich. Atmen Sie tief durch und konzentrieren Sie sich auf das Chakra, das von den Ereignissen des Lebens offenbar am meisten aus der Fassung gebracht wurde. Wenn Sie sich nicht ganz sicher sind, beginnen Sie mit dem ersten Chakra und arbeiten sich von dort entlang der Wirbelsäule nach oben.

Schritt 2: Fokussieren. Konzentrieren Sie sich ganz auf das gewählte Chakra und versenken Sie sich in dessen Zentrum. Fangen Sie dann an, die Keimsilbe dieses Chakras zu singen oder zu chanten. Wenn Sie laut chanten, sollten Sie wissen, dass die Wirkung der Klänge umso körperlicher ist, je langsamer und tiefer Sie intonieren. Töne im mittleren Bereich sind gut für Ihre psychische Verfassung. Und die höheren und schnelleren Töne beseitigen die eher geistig-spirituellen Stressoren. Sie können auch ein Medley aus langsamen bis schnellen und tiefen bis hohen Modulationen komponieren. (Tipp 6 gibt Anregungen für eine zusätzliche Visualisierung.)

Schritt 3: Wiederholen. Tönen Sie mit jedem anderen Chakra, das Ihre Aufmerksamkeit braucht.

Schritt 4: Abschließen. Erlauben Sie allen Chakras, wieder ins Gleichgewicht zu kommen. Wenn Sie alle sieben Chakras eingestimmt haben, können Sie die Keimsilben noch einmal schnell hintereinander tönen, von der ersten bis zur siebten, und um Integration bitten. Wenn Sie sich wiederhergestellt fühlen, atmen Sie tief durch und kehren in Ihr normales Leben zurück.

Tipp 6
Tönen mit der Elementfarbe

Jedes Chakra steht mit einem Element in Verbindung, und den meisten Elementen ist eine Farbe zugeordnet. Gemeinsam sind Klang und Farbe wie das dynamische Duo Batman und Robin, das zusammen agiert.

Wenn Sie die Keimsilbe eines Chakras erklingen lassen (siehe Schritt 2 in Übung 17), können Sie zusätzlich die Farbe des Elements visualisieren. Wenn Sie zwischen mehreren Farben wählen können, nehmen Sie die, die Ihnen passender erscheint, oder probieren alle aus. Wenn es keine Farbe gibt oder das Element transparent ist, weisen Sie ihm Ihre eigene Farbe zu.

- **Erstes Chakra:** Gelb für das Element Erde.
- **Zweites Chakra:** Transparent, Weiß oder Hellblau für das Element Wasser.
- **Drittes Chakra:** Rot für das Element Feuer.
- **Viertes Chakra:** Farblos, Grau oder Lindgrün für das Element Luft.
- **Fünftes Chakra:** Rauchig für das Element Äther.
- **Sechstes Chakra:** Transparent für das Element Licht.
- **Siebtes Chakra:** Kein Element. Weisen Sie ihm selbst eine Farbe zu.

🪷 Übung 18
Psychischen Stress über die Archetypen abbauen

Eine der kraftvollsten Möglichkeiten, Stress abzubauen, besteht in der Verwandlung des negativen Archetyps eines Chakras in dessen positiven Archetyp. Dies ist eine besonders eindrucksvolle Art des Umgangs mit psychischem Stress.

Diese Übung beinhaltet den Einsatz Ihrer visuellen Intuition. Sie konzentrieren sich auf ein einzelnes Chakra, bekommen aber auch einen Umriss des jeweiligen Chakra-Archetyps mitgeliefert. Erste Informationen über diese Archetypen haben Sie schon in Kapitel 3 erhalten, aber die folgende Tabelle gibt eine Übersicht über alle Chakra-Archetypen.

Die Chakras und ihre Archetypen

Chakra	Negativer Archetyp	Positiver Archetyp
Erstes	Opfer	Mutter/Vater
Zweites	Märtyrer	Kaiserin/Kaiser
Drittes	Diener	Krieger
Viertes	Blender	Liebhaber
Fünftes	Schmollendes oder schreiendes Kind	Sprecher
Sechstes	Kritiker	Intuitiver
Siebtes	Egoist	Guru

Hier die einzelnen Schritte zum Stressabbau über die Chakras und ihre Archetypen:

Schritt 1: Vorbereiten. Schaffen Sie sich einen Raum, wo Sie eine Weile ungestört sind. Atmen Sie tief durch und konzentrieren Sie sich auf das Chakra, das am meisten unter dem Einfluss eines psychischen Stressfaktors zu stehen scheint.

Schritt 2: Fokussieren und transformieren. Konzentrieren Sie sich auf das gestresste Chakra. Stellen Sie sich vor, Sie befinden sich in seinem Innern und schauen sich dort einen Film auf einer Leinwand an. Dort erscheint der negative Archetyp dieses Chakras.

Dieser negative Archetyp repräsentiert die Brille, durch die Sie die stressige Situation gesehen haben. Untersuchen Sie diesen Archetyp, bis Ihnen klar ist, welche Gefühle und Überzeugungen für diese pessimistische Sichtweise verantwortlich waren. Sobald Sie Klarheit darüber erlangt haben, sehen Sie den positiven Archetyp auf der Leinwand. Beobachten Sie, wie der positive Archetyp den negativen liebevoll umarmt.

Visualisieren Sie, wie die beiden in Wechselwirkung treten, bis sich der negative Archetyp vollständig in den positiven verwandelt und ganz darin aufgeht. Jetzt wissen Sie, dass die Tugenden des konstruktiven Archetyps die problematischen Merkmale des negativen Archetyps ersetzt haben und dass nur die gewonnene Weisheit übrig bleibt. Bitten Sie den verbleibenden Archetyp, Ihnen Möglichkeiten des

Umgangs mit der stressigen Situation aufzuzeigen, und befolgen Sie seinen Rat. Bleiben Sie mit ihm im Austausch, bis Sie sicher sind, dass Sie weise auf die betreffende Herausforderung reagieren können.

Schritt 3: Wiederholen. Wiederholen Sie Schritt 2 mit jedem Chakra, das Ihre Aufmerksamkeit braucht.

Schritt 4: Abschließen. Bitten Sie das Göttliche, Ihre Chakras wieder ins Gleichgewicht zu bringen. Wenn Sie sich wiederhergestellt fühlen, atmen Sie tief durch und kehren in Ihr normales Leben zurück.

Übung 19
Chakra-Edelsteintherapie bei körperlicher Anspannung

Stress kann zum Beispiel durch körperliche Erkrankungen, Herausforderungen oder Schmerzen hervorgerufen werden. Psychische und geistige Stressfaktoren können zu körperlichen Problemen führen. In dieser Übung setzen Sie Edelsteine ein, um körperliche Anspannung und Stress zu lindern.

Die Edelsteintherapie gehört seit Tausenden von Jahren und in Hunderten von Kulturen zu den Chakra-Heilverfahren. Jeder Edelstein hat eine einzigartige Kristallstruktur, die es möglich macht, ihn mit einem bestimmten Chakra in Verbindung zu bringen. Bergkristalle und Rosenquarze können sich jedem Chakra anpassen.

In dieser Übung setzen Sie zu den Chakras passende Edelsteine ein, um die Energieräder mit positiver Energie anzureichern. Einen Bergkristall oder Rosenquarz verwenden Sie zusätzlich, um negative Energien freizusetzen. Bevor Sie diese Übung machen, wählen Sie ein körperliches Problem aus und bringen es mit einem Chakra in Verbindung. Dafür beziehen Sie sich auf die entsprechenden Abschnitte aus der Vorstellung der sieben Chakras in Kapitel 3: Lage, zugeordnete Drüse, Körperregionen und Krankheiten. Die folgende Tabelle wird Ihnen bei der Auswahl des Steins helfen, den Sie dann zum Senden der Energie einsetzen. Sie können auch einen Stein verwenden, mit dem Sie persönlich gute Erfahrungen gemacht haben.

Chakras und Edelsteine

Chakra	Edelsteine
Erstes	Hämatit, Rubin, Granat, Rauchquarz, Achat (dunklere Farben)
Zweites	Blutstein, Karneol, Orangenkalzit, Amazonit
Drittes	Zitrin, Goldkalzit, Gelber Jaspis, Bernstein
Viertes	Smaragd, Turmalin, Malachit, Peridot, Beryll
Fünftes	Blauer Kalzit, Lapislazuli, Türkis, Aquamarin, Achat (blau)
Sechstes	Azurit, Moldavit, Sugilith, Amethyst, Ametrin
Siebtes	Diamant, Weißer Kalzit, Weißer Topas, Selenit

Jetzt gehen Sie Schritt für Schritt vor.

Schritt 1: Vorbereiten. Konzentrieren Sie sich auf ein körperliches Problem und wählen Sie ein Chakra aus. Nehmen Sie Ihre beiden Steine. Setzen Sie sich an einen ruhigen Ort, wo Sie ungestört sind, und legen Sie Ihre empfangende und Ihre sendende Hand fest, wie in Übung 4 gezeigt. Nehmen Sie den Bergkristall oder Rosenquarz in Ihre empfangende und den speziell für das Chakra ausgewählten Stein in Ihre sendende Hand. Klären Sie Ihren Geist, atmen Sie ein paar Mal tief durch und entspannen Sie sich.

Schritt 2: Absichten in die Steine setzen. Konzentrieren Sie sich auf Ihre empfangende Hand und den Kristall. Setzen Sie die Absicht, dass dieser Stein die Energie in sich aufnehmen möge, die für Ihre körperliche Anspannung verantwortlich ist. Wenden Sie sich nun Ihrer sendenden Hand zu. Geben Sie dem Chakra-Stein die Aufgabe, nährende Energie und Gelassenheit zu liefern.

Schritt 3: Beunruhigende Energien herausziehen. Halten Sie den Kristall in die Nähe des gestressten Chakras. Bitten Sie das Göttliche, die beunruhigenden Energien aus diesem Chakra zu ziehen und in den Stein zu versetzen. Wenn das geschehen ist, ziehen Sie Ihre empfangende Hand zurück und legen den Stein wieder hin.

Schritt 4: Beruhigende Energien deponieren. Halten Sie den Chakra-Stein in die Nähe des Chakras und bitten Sie das Göttliche, über den Stein beruhigende Energien in das Chakra zu schicken. Wenn diese Aufgabe erledigt ist, ziehen Sie Ihre Hand zurück und legen den Stein wieder hin.

Schritt 5: Ausgleichen. Halten Sie nun beide Hände über das Chakra und bitten Sie das Göttliche, es wieder ins Gleichgewicht zu bringen. Wenn Sie nicht an das Chakra herankommen, halten Sie Ihre Hände über die Mitte Ihres Herz-Chakras und bitten darum, dass Ihr Ziel über Ihr Herz erreicht wird. Sie können auch mit Ihrer Intuition arbeiten, um den Ausgleich zu ermöglichen.

Schritt 6: Abschließen. Wenn Sie sich wiederhergestellt fühlen, atmen Sie tief durch und kehren in Ihr normales Leben zurück.

Schritt 7: Die Steine reinigen. Es ist wichtig, die Steine zu reinigen, damit sie wieder voll funktionsfähig sind und erneut verwendet werden können. Zum Reinigen können Sie die Steine in Bittersalz legen oder ein bis zwei Stunden der Sonne aussetzen.

Tipp 7
Ätherische Öle als Ergänzung für jeden Chakra-Prozess

Ätherische Öle sind als Schwingungsmittel zum Abbau von Stress sehr beliebt. Sie können verdampft, im Rahmen einer Aromatherapie eingeatmet, oberflächlich aufgetragen, in die Haut einmassiert oder mithilfe einer Sprayflasche versprüht werden. Wenden Sie sie jedoch nur nach Anweisung eines Arztes innerlich an.

Bestimmte Öle und bestimmte Chakras haben dieselbe Schwingungsfrequenz. Um Stress abzubauen, wählen Sie ein Öl, das zu dem Chakra passt, das am meisten Unterstützung benötigt. Dann wenden Sie das Öl wunschgemäß an, gern auch bevor Sie einen der in diesem Kapitel vorgestellten Chakra-Prozesse in die Wege leiten. Die folgende Tabelle hilft Ihnen bei der Auswahl eines Öls.

Das Leben ist ein stressiger Prozess. Stress und Veränderungen fordern uns heraus, helfen uns aber auch, zu wachsen und reifer zu werden. Chakra-basierte Techniken – wie die, bei denen Atmung, Farben, Klänge und Edelsteine eine Rolle spielen – sind einfache und elegante Möglichkeiten, sich die Stressenergie zunutze zu machen, um mehr Güte und Licht zu schaffen.

Chakras und ätherische Öle

Chakra	Ätherische Öle
Erstes	Zedernholz, Myrrhe, Patschuli, Vetiver, Eukalyptus
Zweites	Bergamotte, Kardamom, Orange, Neroli, Ylang-Ylang, Fenchel
Drittes	Zimt, Zypresse, Grapefruit, Sandelholz, Zitronengras, Ingwer
Viertes	Geranie, Jasmin, Lavendel, Rose, Rosmarin, Pfefferminz
Fünftes	Basilikum, Kamille, Grüne Minze, Teebaum, Muskatellersalbei
Sechstes	Echter Lorbeer, Wacholder, Vetiver, Lavendel, Majoran
Siebtes	Zedernholz, Weihrauch, Rosenholz, Pinie, Rose

Kapitel 8

Schlaf finden über die Chakras

Eine der größten Herausforderungen der modernen Welt besteht darin, genug Schlaf zu bekommen, nicht nur in Stunden, sondern auch was die Qualität angeht. Natürlich haben wir Schlafprobleme, wenn wir gestresst sind. Und wenn wir nicht gut schlafen, sind wir noch mehr gestresst.

In diesem Kapitel lernen Sie eine einfache Übung kennen, die Ihnen helfen wird, Schäfchen zu zählen – nun, eigentlich eher Gehirnwellen. Gehirnwellen steuern sämtliche Wach- und Schlafzustände. Nur wenn sie beruhigt werden, können wir ein- und durchschlafen.

Während Sie die Übung machen, konzentrieren Sie sich auf Ihr Herz-Chakra, das Zentrum Ihrer feinstofflichen Energieanatomie. Stellen Sie über das Herz-Chakra Gelassenheit und Gleichmut her, beruhigt sich das gesamte feinstoffliche Energiesystem. Körper, Geist und Seele kommen in Harmonie. Außerdem aktivieren Sie damit die ganze Kraft des Herzens als Organ, das von allen Organen, einschließlich des Gehirns, die stärkste elektromagnetische Aktivität emaniert. Nur wenn das Feld unseres Herzens kongruent und friedlich ist, werden unsere Gehirnwellen reguliert. Und dann sind wir da, wo wir sein sollten: Wir schlafen.

Bevor ich Ihnen die chakra-basierte Schlafübung vorstelle, informiere ich Sie darüber, wie das mit dem Schlaf funktioniert. Auf die Übung folgt ein Tipp, der Sie »gut riechen« lässt und dafür sorgt, dass Sie in dem beruhigenden Duft von Lavendel schwelgen können.

Wissenswertes über Gehirnwellen
Was mit der Chakra-Schlafübung erreicht werden soll

Zur Schlafübung in diesem Kapitel gehört die bewusste Konzentration auf das Herzzentrum mit dem Ziel, von Stress gezeichnete Gehirnwellen in schlafinduzierende Gehirnwellen zu verwandeln. Stressbedingte Gehirnwellen sind der Grund, warum wir nicht schlafen. Umgekehrt begünstigen beruhigte Gehirnwellen einen guten Schlaf.

Eine Gehirnwelle ist ein elektrischer Impuls im Gehirn. Gehirnwellen werden in Zyklen pro Sekunde oder Hertz (Hz) gemessen. Abgebildet wird die durchschnittliche Bewertung der Frequenzen, die von den Neuronen im Gehirn hervorgebracht werden. In Wirklichkeit ändern sich die verschiedenen Gehirnwellenrhythmen nämlich ständig, und zwar basierend auf dem, was wir fühlen oder tun. Auf der anderen Seite haben unsere Gehirnwellen Einfluss auf unsere Art zu fühlen, zu denken und zu handeln.

Gehirnwellen werden in Stufen oder Bereichen beschrieben. Jeder dieser Bereiche steht für eine andere Art zu denken und sich zu verhalten. Unten aufgelistet finden Sie diese Kategorien, beginnend mit der schnellsten und höchsten Frequenz bis hin zur langsamsten und niedrigsten. Außerdem habe ich jeder dieser Kategorien ein Codewort zugeordnet. Diese Codewörter spielen für Ihre Schlafübung eine Rolle.

Gamma (38 bis 42 Hz): Spiritualität. Zugang zu diesem Bereich bekommt man nur mit einem ruhigen Geist, der einen Zustand des umfassenden Altruismus und der Tugendhaftigkeit hervorbringen kann.

Beta (12 bis 38 Hz): Erhöhte Aufmerksamkeit. Zeigt einen besonders aufmerksamen, kognitiven und hellwachen Zustand an.

Alpha (8 bis 12 Hz): Gewahrsein. Hält in einem gelassenen, aber bewussten Zustand. Fodert zum Geist-Körper-Lernen auf.

Theta (3 bis 8 Hz): Zufriedenheit. Versetzt in einen eher meditativen Zustand und setzt Heilung in Gang. Dieser Bereich beinhaltet unsere Ängste und psychischen Probleme. Er macht es uns aber auch möglich, sie zu bewältigen. Hier können wir in einen leichten Schlaf fallen.

Delta (5 bis 3 Hz): Tiefschlaf. Entsteht in tiefer Meditation oder in kontemplativen Zuständen. Ermöglicht körperliche Regeneration. Steht in Verbindung mit erholsamem, traumlosem Schlaf.

Infra-Low (unter 5 Hz): Modulator/Stabilisator. Sehr langsam. Zeigt wahrscheinlich unsere kortikalen Rhythmen, das zentrale Kontrollnetzwerk des Nervensystems. Diese Wellen können die anderen modulieren und das zentrale Nervensystem stabilisieren. In letzter Zeit standen sie im Mittelpunkt der Forschungen rund um Hyperarousal, Schlafmuster und posttraumatisches Stress-Syndrom (PTSD) (Brainworks: »What Are Brainwaves?«).

Schlafprobleme wie Insomnie oder Unruhe können aus vielen Gründen auftreten. Grundsätzlich wird unser Schlaf jedoch beeinträchtigt, wenn die Gehirnwellen auf irgendeine Weise gestört sind. Immer müssen wir von Beta auf Alpha herunterschalten, bevor wir nach Theta und schließlich Delta absteigen. Wenn wir nicht den ganzen Prozess durchlaufen und auch unsere anderen Gehirnwellen (Gamma und Infra-Low) beruhigen, werden wir niemals einschlafen – oder wenn doch, wachen wir immer wieder auf.

In der folgenden Schlafübung versuchen Sie nicht herauszufinden, was mit jeder einzelnen Gehirnfrequenz nicht stimmt. Vielmehr greifen Sie zunächst auf Ihr Herz-Chakra zu und gleiten durch seine Schwingung und durch die verschiedenen Gehirnwellen hindurch, bis Sie wegdösen. Schlafexperten behaupten, dass wir von Beta zu Alpha zu Theta und schließlich in den Delta-Zustand fortschreiten (Mastin: »Types and Stages of Sleep«). In meiner Übung rege ich jedoch an, dass Sie sich in dieser Reihenfolge fortbewegen: Beta, Alpha, Gamma, Theta, Infra-Low und Delta. Meiner Ansicht nach aktiviert das Berühren von Gamma vor dem Abfallen in Theta Ihr höheres Bewusstsein und stellt Sie unter den Schutz der Engel.

Durch meine Arbeit mit Klienten habe ich herausgefunden, dass das Gefühl, nicht in Sicherheit zu sein, einer der Hauptgründe ist, warum Menschen nicht schlafen können. Bei Kindern und Erwachsenen werden in der Nacht die übernatürlichen Sinne aktiviert, und das erhöht die Fähigkeit, jenseitige Geister und Gefahren wahrzunehmen. Mit anderen Worten: Wir spüren die »Monster unter dem Bett«. Eine Einstimmung auf den Schutz des Kosmos hilft bei der Lösung dieses Problems.

Vor der Delta-Stufe füge ich noch Infra-Low ein. Viele meiner Klienten klagen darüber, dass sie kurz vor Erreichen der Tiefschlafphase oder des Delta-Zustands wieder aufwachen. Dann liegen sie wach und quälen sich mit ihren Sorgen und Problemen. Ich bin der festen Überzeugung, dass viele dieser Sorgen im Infra-Low »gespeichert« sind. Indem wir diese Wellen glätten, können wir unseren Geist beruhigen, das mentale Geplapper zum Schweigen bringen und schließlich tief durchatmen und uns dem Schlaf hingeben. Natürlich ist zu hoffen, dass Sie nicht mehr wach sind, wenn Sie den Delta- oder Tiefschlafzustand erreichen, diese Übung weist lediglich in diese Richtung.

Übung 20

Herzbasierter Chakra-Schlaf

Die folgende Übung können Sie machen, wenn Sie sich ins Bett gelegt haben und einschlafen möchten. Ich schlage vor, dass Sie sich die Übung genau anschauen, wenn Sie wach sind, und sich die Codewörter und zugehörigen Informationen merken. Wenn Sie dann tatsächlich bereit sind, sich zu entspannen, können Sie sich einfach auf die Codewörter konzentrieren und das Göttliche den Rest tun lassen. (In Tipp 8 erfahren Sie, wie Sie Lavendel einsetzen können, um die Wirkung dieser Übung zu verstärken.)

Schritt 1: Den aktuellen Zustand akzeptieren. Bevor Sie Ihre Gehirnwellen verändern und sich ganz entspannen können, müssen Sie alles akzeptieren, was Sie auf jeder Ebene erleben. Unsere Probleme sind aus einem bestimmten Grund vorhanden und können nur gelöst werden, nachdem sie erst einmal akzeptiert wurden.

Legen Sie sich hin, atmen Sie ein paar Mal tief durch und »seien« Sie einfach da. Spüren Sie ganz bewusst, und ohne zu urteilen, Anspannung, Schmerz, Erschöpfung oder Müdigkeit in bestimmten Körperbereichen. Verfolgen Sie jede mentale Belastung oder jedes innere Geschwätz und machen Sie sich bewusst Gedanken über Probleme. Erkennen Sie alle feinstofflichen Energiestaus an und lassen Sie zu, dass Ihre Emotionen Amok laufen. Machen Sie das Gleiche auch, wenn Sie auf der Suche nach gelassenen, ruhigen und friedvollen Körperbereichen und Seinszuständen sind.

Schritt 2: Im Herzen zentrieren. Wenn Sie alle Szenarien durchgegangen sind, die Sie gerade erleben, lassen Sie sich in Ihrem Herz-Chakra nieder. Bitten Sie das Göttliche, Ihnen hier zu begegnen und Gelassenheit und Liebe in diesen Raum zu bringen. Geben Sie dem Göttlichen die Erlaubnis, sich um Ihren Abstieg ins Reich des Schlafes zu kümmern.

Schritt 3: Durch die Gehirnwellen fließen. Das Göttliche bewegt Sie jetzt durch jede Gehirnwelle und reguliert diese perfekt, sodass Sie einschlafen können. In der Tat brauchen Sie das Codewort jeder Gehirnwelle nur ganz kurz anzusprechen, um in den Genuss der Segnungen zu kommen, die es für Ihren Schlaf bereithält. Sie dösen weg, wann immer Sie dazu bereit sind. Die noch verbleibenden Schritte werden unbewusst ausgeführt.

Das Göttliche führt Sie schrittweise durch folgende Gehirnwellen:

Erhöhte Aufmerksamkeit (Beta): Wenn es noch einen letzten Gedanken gibt, der liebevoll in Ihrem Herzen auftauchen muss, dann tut er es jetzt. Ihre Stressoren verschwinden, als würden sie von einer Wolke weggetragen.

Gewahrsein (Alpha): Sie werden sich all des Guten gewahr, das Sie heute erlebt haben, und der Süße und Beschaulichkeit, die morgen auf Sie wartet. Das Göttliche ersetzt alle Stressoren durch das Gewahrsein von Leichtigkeit und Anmut.

Spiritualität (Gamma): Ihr Geist öffnet Sie jetzt noch weiter für den Fluss der umfassenden Liebe und Gelassenheit. Engel tauchen auf, um Sie durch Ihre Träume zu begleiten und Ihren Schlaf zu bewachen.

Zufriedenheit (Theta): Sie spüren nur tiefe Befriedigung und Zufriedenheit, während Sie sich ausruhen und wissen, dass sich das Göttliche um Ihre Bedürfnisse kümmert. Sonnen Sie sich in dieser Seelenruhe und verweilen Sie einfach in diesem Zustand. Sie können sicher sein, dass Sie in die nächste Schlafphase getragen werden, wenn Sie dazu bereit sind.

Modulator/Stabilisator (Infra-Low): Ihr Geist bekommt Zugang zur stabilisierenden Wirkung dieser Gehirnschwingung. Ihre größten Probleme werden gelindert und jede Ebene Ihres Seins harmonisiert. Sie werden von den Armen des Göttlichen umschlossen und gewiegt.

Tiefschlaf (Delta): Alles ist gut. Sie werden vollständig von Ihrem wesenhaften Geist, dem Göttlichen und den Engeln umsorgt.

Schritt 4: Aufwachen. Wenn Sie aus einem Nickerchen oder morgens oder sogar mitten in der Nacht aufwachen, danken Sie allen Helfern, die sich um Sie gekümmert haben, als Sie schliefen. Wenn Sie dann wieder einschlafen möchten, wiederholen Sie die Codewörter für die Gehirnwellen.

Tipp 8
Aromatische Beruhigung

Lavendel ist ein universal einsetzbares ätherisches Öl, das jedes Chakra und jeden Aspekt Ihres Seins beruhigen und ins Gleichgewicht bringen kann. Es gibt viele Möglichkeiten, den ruhigen Schlaf mit Lavendel zu fördern.

Wenn Sie beispielsweise vom Tag gestresst sind, können Sie bis zu sieben Tropfen Lavendelessenz in Ihr Badewasser geben und Ihre Sorgen einfach wegschweben lassen, während Sie darin baden. Sie können auch einen Tropfen auf Ihr Kopfkissen oder Ihre Haut geben, bevor Sie sich ins Bett legen.

Eine andere Möglichkeit ist, drei bis sechs Tropfen in kochendes Wasser zu geben. Decken Sie Ihren Kopf mit einem großen Handtuch ab und atmen Sie den so aromatisierten Dampf durch die Nase ein. Geben Sie ein paar Tropfen in eine mit Wasser gefüllte Sprühflasche und versprühen Sie das aromatisierte Wasser in Ihrem Schlafzimmer oder verwenden Sie eine Aromatherapie-Duftlampe. Manche Menschen legen sich ein kleines Säckchen voll getrockneter Lavendelblüten unter das Kopfkissen.

Sie können sich auch vorstellen, dass Sie in einem blühenden Lavendelfeld stehen, und die Natur um Hilfe beim Träumen bitten.

Kapitel 9

Schutz über die Chakras

Eine Frage, die ich sehr oft zu hören bekomme, betrifft den energetischen Schutz: »Wie können mir meine feinstofflichen Energiegrenzen mehr Sicherheit geben?«

Die Gründe für diesen Wunsch nach mehr Schutz reichen vom katastrophalen Hineingezogenwerden in die Gefühle anderer bis zum Anziehen zu vieler negativer Menschen. Ganz oben auf der Liste stehen die Unfähigkeit, die eigenen Bedürfnisse von den Bedürfnissen anderer zu trennen, die Anfälligkeit für störende Wesenheiten und das Übernehmen der Krankheiten anderer. Vielleicht haben Sie das Gefühl, ein Opfer von Energievampiren oder der Negativität anderer zu sein. Wenn dies der Fall ist, werden Sie die folgende Übung lieben, die Interaktionen mit den Chakras, den Nadis und den Aura-Feldern beinhaltet.

❀ *Übung 21*
Schutz durch den goldenen Strahl

Diese Übung wird am besten in einem meditativen Zustand gemacht.

Schritt 1: Vorbereiten. Suchen Sie sich einen ruhigen Ort, wo Sie nicht gestört werden, und machen Sie es sich bequem. Atmen Sie ein paar Mal tief durch und konzentrieren Sie sich auf Ihr siebtes Chakra, das mit Einheit und Einssein zu tun hat.

Schritt 2: Eine Absicht formulieren. Bitten Sie das Göttliche, Ihr Kronen-Chakra zu aktivieren und Ihnen dann mitzuteilen, welche Grenzen Sie benötigen.

Es gibt eine Fülle von Gründen, aus denen Menschen Grenzen brauchen. Vielleicht möchten Sie Grenzen zum Schutz Ihrer körperlichen Unversehrtheit, für eine gesunde Psyche und Ihre Fähigkeit, Situationen anzuziehen, die Ihren Zielen, Ihrem Wesen und Ihren höheren Eigenschaften förderlich sind. Vielleicht wollen Sie damit bestätigende Beziehungen oder ein entsprechendes Arbeitsumfeld anziehen. Sie können sogar glückliche Zufälle anziehen, die Ihr Leben verbessern.

Nehmen Sie sich jetzt ein wenig Zeit, um Ihre Wünsche und Sehnsüchte in einer einzigen Aussage oder Absicht zusammenzubringen – eine Aussage, die für Ihre ganze Liste steht. Ein Beispiel könnte sein: »Als Kind des Göttlichen bestätige ich, dass ich das Recht habe, sicher und geborgen zu sein und nur offen für Energien und Menschen, die mein wahres Selbst stärken.« Bewahren Sie Ihre Absicht im Zentrum Ihres Kronen-Chakras.

Schritt 3: Sich für das Gold öffnen. Bleiben Sie in Ihrem siebten Chakra verankert und werden Sie sich der goldenen Tür direkt darüber bewusst. Es ist die Tür zur himmlischen Gnade, jener Macht, die unsere Wünsche wahr werden lässt.

Sobald Sie diesen Zugang erkannt haben, schwingt die Tür auf. Goldene Energie strömt hindurch und dringt in das Kronen-Chakra auf Ihrem Kopf ein. Diese honigartige Energie aktiviert die Absicht, die in dem Chakra bewahrt wird. Die goldene Energie lädt sie zusätzlich auf, verschlingt sie aber auch. Das goldene Licht, dem jetzt die zuvor formulierte Absicht einprogrammiert ist, fließt nach unten in das sechste Chakra. Dort tritt es in Sushumna Nadi ein, den Hauptkanal, der durch die Wirbelsäule führt.

Durch diesen Kanal rinnt der goldene Strahl die Wirbelsäule hinunter und füllt jedes einzelne Chakra mit Licht. Das goldene Licht setzt sich noch weiter fort, fließt durch Ihre Beine und Füße und verankert Sie schließlich in der heiligen Tugend des Planeten.

Schritt 4: Das Gold ausdehnen. Aus den Chakras und Sushumna Nadi sprudelt das goldene Licht bis über den Rand des siebten Aura-Feldes. Wenn das Licht aus Ihrer Mitte plätschert, wäscht es die toxischen Programme und Energien weg, die einen Mangel an Sicherheit verursacht haben. Sie werden vom Göttlichen aufgenommen und in nützliche Energie umgewandelt. An die Stelle der negativen Programme treten positive, die auf Ihrer Absicht basieren.

Schritt 5: Das Licht verankern. Bitten Sie das Göttliche, Sie dauerhaft mit goldenem Licht von oben zu erfüllen. Sie sollten wissen, dass das Göttliche sowohl diese Energie als auch Ihre Aura kontinuierlich weiterentwickelt, sodass sich Ihre energetischen Grenzen an alle Umstände anpassen. Sie können diesen goldenen Lichtstrahl auch jederzeit erneuern.

Schritt 6: Abschließen. Danken Sie dem Göttlichen für seine Hilfe und atmen Sie ein paar Mal tief durch. Werden Sie sich allmählich wieder Ihrer Umgebung bewusst. Nehmen Sie den Unterschied in Ihrem Körpergefühl wahr und stellen Sie sich wieder auf die Welt ein, wenn Sie dafür bereit sind.

Weitere Anregungen

Es gibt viele Methoden zur Stärkung Ihrer energetischen Grenzen, die statt oder ergänzend zu der Übung »Schutz durch den goldenen Strahl« eingesetzt werden können. Hier ein paar Ideen zur Auswahl:

Grundlegende Symbole

Drei grundlegende Symbole mit spezifischen Bedeutungen tauchen immer wieder in den Chakra-Yantras auf, die in Kapitel 3 besprochen wurden. Wenn Sie Ihre Grenzen stärken wollen oder müssen, wählen Sie aus den unten beschriebenen Formen eine aus.

Die einfachste Möglichkeit, eine solche Form in Ihre energetischen Grenzen zu implantieren, ist, sie über Ihrem Herz-Chakra zu befestigen und sich dann vorzustellen, wie sie sich durch alle Ihre Aura-Felder schiebt. Sie sind fertig, wenn die Form an den äußeren Grenzen Ihres siebten Aura-Felds angekommen ist. Das Göttliche fixiert sie, bis sie nicht mehr gebraucht wird.

Quadrat: Quadrate bieten Sicherheit und Stabilität.

Kreis: Kreise festigen Beziehungen und durchdringen eine Situation oder energetische Grenze ausschließlich mit liebevollen Energien.

Dreieck: Dreiecke laden zu kreativer Veränderung und Transformation ein.

Mit Farbe durchdringen

Blättern Sie zurück zu Übung 16, »Die Chakras färben«. Welche Farbe passt am besten zu der Energie, die Ihnen jetzt Nahrung und Schutz geben kann? Denken Sie an diese Farbe, während Sie sich auf Ihr Herz-Chakra konzentrieren, und visualisieren Sie, wie sich die Farbe darin ausbreitet. Lassen Sie diese Farbe nun über das Herz-Chakra hinaus in alle Chakras und Aura-Felder ausstrahlen. Sie werden ganz in diese Farbe eingehüllt, bis sie nicht mehr benötigt wird.

Kapitel 10

Manifestieren über die Chakras

Die meisten von uns sehnen sich danach, ihre Träume wahr werden zu lassen. Der Prozess, in dessen Verlauf sich unsere Hoffnungen verkörpern oder physische Form annehmen, wird Manifestieren genannt.

Chakras sind ideale Hilfsmittel, um Gelegenheiten anzuziehen, die für unsere Zukunft entscheidend sein können. Jedes Chakra hat eine bestimmte Kompetenz und gibt seine Marschbefehle über ein Partner-Aura-Feld, das der Welt sagt, wie sie reagieren soll. Wenn unsere feinstofflichen Kommuniqués laut Ja sagen zu dem, was wir wollen, haben wir eine bessere Chance, unterstützende Situationen anzuziehen. Wenn unsere Programme jedoch problematisch sind – nun, dann tritt das Gegenteil ein. Wir ziehen vielleicht alles Mögliche an, von problematischen Situationen bis hin zu widerwärtigen Individuen.

Manifestierungsspezialitäten der Chakras und Aura-Felder

Chakra/Feld	Zieht an
Erstes	Alles zur Befriedigung materieller Bedürfnisse (etwa Geld, einen Job, Sexualpartner, einen Lebenspartner, körperliches Wohlergehen) und grundlegender Bedürfnisse wie Nahrung, Kleidung und ein Dach über dem Kopf
Zweites	Gelegenheiten zum gesunden Ausleben von Emotionen und zu kreativer Betätigung
Drittes	Gelegenheiten für beruflichen Erfolg und positives Feedback von anderen. Etabliert eine zielführende Lebensstruktur, die auch Zeit lässt für körperliches Training, ausgeglichene Beziehungen, Aufgaben und Pflichten, Kindererziehung und mehr.
Viertes	»Echte Beziehungen« wie erbauliche und loyale Freundschaften, auch mit Haustieren. Weckt das Interesse an der Wahl passender und liebevoller Lebenspartner.
Fünftes	Quellen des Lernens und der Bildung; Gelegenheiten, die eigene Stimme zu Gehör zu bringen, etwa durch Lehrtätigkeit, Singen, Vortragstätigkeit, Schreiben und dergleichen
Sechstes	Erkenntnisse, Offenbarungen, mystische Einsichten und Visionen, die zur Grundlage für die Lebensplanung werden
Siebtes	Gelegenheiten, die eigene spirituelle Bestimmung zum Ausdruck zu bringen und Verbindung mit dem Göttlichen und mit geistigen Helfern aus dem Jenseits aufzunehmen

In diesem Kapitel lernen Sie, wie man über ein bestimmtes Chakra manifestiert, und zwar basierend auf dessen Leistungsfähigkeit. Um sich diese Aufgabe leichter zu machen, nutzen Sie die Tabelle, in der die Manifestierungsfähigkeiten der verschiedenen Chakras aufgelistet sind. Im Anschluss an die folgende Übung finden Sie einen Tipp, wie Sie Ihre Manifestierungsprozesse mithilfe von Edelsteinen optimieren können.

✿ *Übung 22*
Manifestieren über die besonderen Fähigkeiten der Chakras

Die Chakra-Manifestation ist dann besonders kraftvoll, wenn Sie dafür mit der Vorder- und der Rückseite des jeweiligen Chakras arbeiten. Auf diese Weise laden Sie Ihre Manifestation zusätzlich mit göttlichen Eigenschaften auf, die auch unterbewusste Blockaden beseitigen können. Die folgende Übung zeigt, wie das geht. Sie zeigt auch, wie Sie auf das innere Rad eines Chakras zugreifen können, welches das äußere Rad reinigt und damit das ganze Potenzial des erstaunlichen Strudels aus Licht, Klang und Bewusstsein freisetzt.

Schritt 1: Ein Chakra auswählen. Wählen Sie einen Wunsch aus – irgendeinen. Verwenden Sie dann die in Kapitel 3 gegebenen Informationen über die einzelnen Chakras und auch die aus der Tabelle hier im Kapitel, um das Chakra und das zugehörige Aura-Feld auszuwählen, das Ihren Herzenswunsch am besten repräsentiert.

Schritt 2: Den Wunsch formulieren und fühlen. Finden Sie einen ruhigen Platz, wo Sie ungestört sind, und atmen Sie mehrmals tief durch. Bringen Sie Ihren Geist zum Schweigen und versenken Sie sich in das Chakra. Konzentrieren Sie sich bewusst auf die innerste Kammer dieses Chakras, die das innere Rad bildet. Stellen Sie sich jetzt vor, dass Ihr Wunsch wahr geworden ist. Sehen Sie vor Ihren inneren Augen, wie Sie im Kielwasser seiner Manifestation leben. Spüren Sie die verschiedenen Gefühle und Körperempfindungen, die mit einem glücklichen Ausgang verbunden sind. Jetzt unterstützen Sie Ihre Imagination mit Ihrer Glaubenskraft, bis Sie fest davon überzeugt sind, dass Ihr Wunsch wahr wird – und bereits in Erfüllung gegangen ist. Wenn Sie sich bezüglich Ihres Wunsches ganz sicher sind, bekunden Sie ihn als Absicht. Wenn Sie mit dieser Übung fertig sind, können Sie diese Absichtserklärung als »Haltegriff« verwenden, um sich an Ihren Wunsch zu erinnern.

Schritt 3: Die Absicht verbreiten. Konzentrieren Sie sich weiterhin auf das Innere des Chakras und bitten Sie das Göttliche, die Energien zu senden, die jetzt gebraucht werden, um Ihre Sehnsucht im ganzen Chakra zu manifestieren. Die unterstützenden Kräfte gehen nun diesen Weg:

Sie treten durch die Rückseite des Chakras ein, wühlen die Energien in der Mitte (auf die Sie sich bewusst konzentriert haben) auf, dehnen sich bis über das äußere Rad hinweg und breiten sich bis in das entsprechende Aura-Feld aus.

An diesem Punkt wird Ihr gesamtes Energiefeld mit Ihrer Absicht aufgeladen. Alle Teile von Ihnen können jetzt zusammenarbeiten, um die Absicht in eine Form zu bringen. (In Tipp 9 erfahren Sie, wie Sie Edelsteine einsetzen können, um die Absicht noch zu verstärken.)

Schritt 4: Abschließen. Wenn Sie dazu bereit sind, atmen Sie ein paar Mal tief durch und kehren allmählich in Ihren Alltag zurück. Sie sollten wissen, dass das Chakra und das Aura-Feld, auf die Sie sich konzentriert haben, ebenso wie deren Verwandte auch weiterhin mit Ihrem Wunsch mitschwingen und daher Situationen anziehen, die dessen Verwirklichung beschleunigen.

Tipp 9
Die Manifestation mit Edelsteinen verstärken

Blättern Sie zurück zu Übung 19 und schauen Sie sich die jedem einzelnen Chakra zugeordneten Edelsteine in der Tabelle »Chakras und Edelsteine« noch einmal an. Wählen Sie einen Stein aus, der mit dem Chakra in Verbindung steht, auf das Sie sich konzentrieren wollen, und senden Sie am Ende von Schritt 3 der Übung 22 etwas von der mit Ihrer Absicht aufgeladenen Energie in den Stein. Dann tragen Sie den Stein bei sich. Er wird Sie immer an Ihren Wunsch erinnern.

Wenn Sie sich jemals fragen, ob eine bestimmte Aktion die Erfüllung Ihres Wunsches fördert oder Sie eher davon ablenkt, setzen Sie den Stein als Prüfstein ein. Nehmen Sie sich einfach einen Moment Zeit, um in eine meditative Trance einzutreten. Konzentrieren Sie sich auf den Stein, atmen Sie tief durch und fragen Sie das Göttliche, ob sich eine bestimmte Aktion förderlich auf die Verwirklichung Ihres Wunsches auswirkt. Wenn die Antwort positiv ist, haben Sie ein leichteres und freieres Körpergefühl. Der Stein fängt vielleicht an zu summen oder wird warm in Ihrer Hand. Wenn die Antwort negativ ist, wird Ihre Körperenergie schwerer und Ihr Geist trübt sich. Der Stein wird vielleicht kalt oder fühlt sich leblos an.

Kapitel 11

Geistige Führung über
die Chakras bekommen

Viele von uns haben das Gefühl, mit verbundenen Augen und Ohrenklappen durchs Leben zu gehen und sich in ihrem Körper wie durch Wasser zu bewegen. Das Leben ist verwirrend. So sehr wir es auch versuchen, wir können die Zukunft nicht erraten, geschweige denn die Vergangenheit verstehen. Das Gegenmittel für die Ungewissheiten des Lebens ist, sich für die geistige Führung zu öffnen. Unsere Chakras sind perfekte Portale, um geistige Führung zu empfangen – und sogar zu geben.

Intuition ist unser wichtigster Kanal für die geistige Führung. Geistige Führung könnte bedeuten, sich für ätherische Wesen zu öffnen, aber das ist nicht immer der Fall. Sie kann sich auch konkreter Wesen und Objekte bedienen, von Tieren bis hin zu Anzeigetafeln. Ganz einfach ausgedrückt sind es

Boten aus der geistigen Welt und ihre Botschaften, welche die Verkörperung unseres Geistes oder unserer Essenz unterstützen. Diese Mitteilungen können als heilende Energien, Offenbarungen, Warnungen, Affirmationen, Bestätigungen, Mitgefühl, Einsichten oder Ratschläge verpackt daherkommen.

Jeder der vier grundlegenden intuitiven Stile — physisch, spirituell, verbal und visuell (der mystische ist eine Kombination aus diesen) — bringt auf einzigartige Weise geistige Botschaften hervor. Die Übungen in diesem Kapitel helfen Ihnen, diese Stile einzusetzen, um Anweisungen vom Göttlichen oder einem von Gott ernannten Boten zu erhalten. Damit Sie den jeweiligen Stil am kraftvollsten aktivieren können, werden Sie auch darüber informiert, auf welche Chakras Sie sich konzentrieren sollten.

Zur Erinnerung hier noch einmal die Stile:

- **Physische Intuition:** Erkennen der Energien anderer durch physische, emotionale oder mentale Empfindungen im eigenen Körper.
- **Spirituelle Intuition:** Wahrnehmen höherer Wahrheiten durch ein unerklärliches »Wissen«.
- **Verbale Intuition:** Empfänglichkeit für Wissen in Form von Klängen, Worten, Tönen oder durch Schreiben.
- **Visuelle Intuition:** Erkennen von Offenbarungen als Bilder.
- **Mystische Intuition:** Kombination aus physischem, spirituellem, verbalem und visuellem Stil.

In Tipp 10 geht es um den mystischen Stil und darum, wie Sie möglicherweise ein Lichtstrahl der Inspiration für andere sein können. Diese Übungen offenbaren den eigentlichen Sinn und Zweck der Chakras. Sie sind ein Vehikel der Andacht, über die das Göttliche seine Liebe offenbart.

🪷 Übung 23
Physisch Intuitive: für Omen offen sein

Für Sie als physisch intuitiven Menschen ist die physische Umgebung die ideale Quelle für geistige Führung. Sie spüren, fühlen und verstehen Wahrheiten über Ihren physischen Körper und empfangen Botschaften hauptsächlich über Ihr erstes, Ihr zweites und Ihr drittes Chakra. Omen sind Ihre optimale Richtschnur.

Omen sind Zeichen, die wir aus unserer Umgebung bekommen. Auf der kurzen Liste stehen das Vorhersehen nützlicher und widriger Umstände, prophetische Einsichten zur Entscheidungsfindung, Glückszeichen und einfache Botschaften. Doch die Quellen für Omen sind grenzenlos. Viele beinhalten das Auftauchen von (oder die Interaktion mit) Naturwesen, aber auch von allem Greifbaren oder Feinstofflichen, das einen Bezug zur physischen Welt hat.

Möchten Sie Ihre Intuition für physische Zeichen öffnen? Hier ein paar einfache Schritte:

Schritt 1: Die Absicht formulieren. Wählen Sie eine Frage oder ein Problem, für die oder das Sie sich eine göttliche Eingebung wünschen. Nehmen Sie sich einen Moment Zeit und atmen Sie tief durch, wobei Sie sicherstellen, dass Sie den unteren Teil Ihres Körpers – erstes, zweites und drittes Chakra – mit Luft füllen. Konzentrieren Sie sich auf Ihre Absicht und lassen Sie den Atem ganz natürlich fließen.

Schritt 2: Eine Frist setzen. Geben Sie dem Göttlichen etwas Zeit – zwischen drei Tagen und einer Woche – Ihnen ein Zeichen zu geben, das Sie leicht erkennen können. Legen Sie den Termin fest, indem Sie ihn laut aussprechen oder aufschreiben.

Schritt 3: Aufmerksam bleiben. Achten Sie auf Zeichen aus Ihrer Umwelt. Wenn Sie mehrere erhalten, notieren Sie sich alle.

Schritt 4: Analysieren. Denken Sie am Ende der gesetzten Frist ein paar Minuten lang über das oder die Zeichen nach. Bitten Sie das Göttliche, Ihnen weiteren Aufschluss über dessen oder deren Bedeutung zu geben. Wenn Sie ein Zeichen aus der Natur bekommen und beispielsweise einem Vogel, einem Reptil oder einem anderen Tier begegnen, können Sie bei Google Begriffe wie spirituelle Bedeutung von (Tier einfügen), Krafttiere oder Totemtiere eingeben. Danken Sie dem Göttlichen für das Omen.

Übung 24
Spirituell Intuitive: sich auf Liebe einstimmen

Spirituell Intuitive beziehen sich auf das Gefühl Liebe. Sie spüren die Anwesenheit von oder den Mangel an Liebe sofort, und zwar in der Beziehung zu sich selbst, zu anderen und zum Göttlichen. Das liegt daran, dass sie hauptsächlich über ihr viertes und siebtes Chakra agieren. Diese Übung wird es Ihnen möglich machen, Ihre eigene Fähigkeit, sich auf Liebe einzustimmen, zu wecken.

Schritt 1: Die Absicht formulieren. Gibt es ein Thema, das Sie gern bearbeiten würden? Nehmen Sie sich etwas Zeit und konzentrieren Sie sich an einem Ort, wo Sie nicht gestört werden, auf Ihren Wunsch.

Schritt 2: Auf Liebe einstimmen. Das Göttliche ist die höchste Autorität in Sachen Liebe und spricht die Sprache der Liebe. Das bedeutet, dass Sie Liebe werden oder mit Liebe erfüllt sein müssen, um göttliche Einsicht bezüglich Ihres Wunsches zu erlangen. Mit diesem Bewusstsein bitten Sie das Göttliche, Sie auf Liebe einzustimmen. Nehmen Sie den Strahl der bedingungslosen Liebe wahr, der vom Himmel herab durch Ihr Kronen-Chakra strahlt und jeden Zentimeter von Ihnen durchdringt. Konzentrieren Sie sich auf Ihr Herz, während Sie sich an die Reinheit dieser Gnade gewöhnen.

Schritt 3: Die Optionen vergleichen. Konzentrieren Sie sich auf Ihre Absicht und die verschiedenen Möglichkeiten,

Ihren Wunsch oder die damit verbundenen Entscheidungen wahrzunehmen. Die beste Option, die beste Wahrnehmung, der beste Weg oder das beste Wissen wird das pulsierende Gefühl der Liebe in Ihnen verstärken. Weniger liebevolle Wahrnehmungen werden das Gefühl, geliebt oder auch nur neutral gesehen zu werden, verringern.

Schritt 4: Dankbar sein. Dankbarkeit ist ein wichtiger Teil der Liebessprache. Danken Sie dem Göttlichen von ganzem Herzen dafür, dass es Ihnen Einsicht geschenkt hat. Atmen Sie ein paar Mal tief durch und kehren Sie in Ihren Alltag zurück, wenn Sie dazu bereit sind.

Übung 25
Verbal Intuitive: Offenbarungen schreiben

Eine der nützlichsten Methoden, um verbale Anweisungen aufzurufen, ist das geführte Schreiben. An allen verbalen Einsichten ist das fünfte Chakra beteiligt. Dieser spezielle Prozess beinhaltet das Eintreten in einen meditativen Zustand, sodass das Göttliche eine schriftliche Botschaft durch Sie und für Sie verfassen kann. Die folgenden Schritte führen Sie durch diesen Prozess.

Schritt 1: Vorbereiten. Lassen Sie sich mit Papier und Stift an einem Ort nieder, wo Sie ungestört sind. Atmen Sie ein, lassen Sie den Atem durch Ihr fünftes Chakra fließen und schreiben Sie dann eine Frage auf.

Schritt 2: Die erste Antwort. Nehmen Sie sich einen Moment Zeit und bitten Sie das Göttliche, sich über Ihre verbalen Fähigkeiten mit Ihnen zu verbinden. Wenn Sie ganz ruhig sind, bitten Sie das Göttliche, eine Antwort auf Ihre Frage zu schreiben. Lassen Sie sich vom Göttlichen die Hand führen. Sie spüren, wie das Göttliche durch Sie schreibt.

Schritt 3: Weitere Fragen. Wenn Sie das Gefühl haben, mit dem Channeln der ersten schriftlichen Antwort fertig zu sein, schreiben Sie eine weitere Frage auf, wenn Sie eine haben. Wiederholen Sie Schritt 2. Stellen Sie weitere Fragen und bitten Sie so lange um Einsicht, bis Sie das Gefühl haben, fertig zu sein.

Schritt 4: Abschließen. Wenn Sie fertig sind, nehmen Sie sich ein wenig Zeit, um sich zu sammeln und die aufgeschriebenen Einsichten durchzulesen. Ziehen Sie Ihre Schlussfolgerungen und verhalten Sie sich entsprechend.

Übung 26
Visuell Intuitive: ein Bild sehen

Visuell Intuitive erhalten optische Offenbarungen durch das sechste Chakra. In dieser Übung sind Sie offen für Bilder, bekommen aber auch gezeigt, wie man zwischen Fantasie und Offenbarung unterscheiden kann. Diese Unterscheidung ist zwingend notwendig, denn die häufigste Frage, die Menschen mir zum Thema Hellsichtigkeit stellen, ist, wie man herausfindet, was eine Offenbarung ist und was ein Produkt der eigenen Imagination.

Schritt 1: Vorbereiten. Finden Sie einen Ort, wo Sie ungestört sitzen und sich entspannen können. Schließen Sie die Augen, treten Sie in einen meditativen Zustand ein, konzentrieren Sie sich auf Ihr sechstes Chakra und bitten Sie das Göttliche, Ihre visuelle Intuition zu aktivieren, während Sie gleichzeitig eine Kinoleinwand in Ihrem Kopf aufbauen. Nehmen Sie die Leinwand als weiß oder elfenbeinfarben wahr. Alle visuellen Reaktionen auf Ihre Absichtserklärung erscheinen auf dieser Leinwand.

Schritt 2: Die Absicht formulieren. In welche Situation hätten Sie gern mehr Einsicht? Konzentrieren Sie sich eine Weile auf Ihren Wunsch und formulieren Sie die entsprechende Absicht als Frage.

Schritt 3: Den Meisterkünstler anrufen. Konzentrieren Sie sich auf Ihre Absicht und bitten Sie das Göttliche, den Meisterkünstler, eine Antwort auf die Leinwand zu projizieren. Bitten Sie um weitere Bilder, bis Sie die Antwort des Göttlichen als vollständiges Bild haben.

Schritt 4: Die Bilder testen. Sie können die Bilder jederzeit überprüfen, um sicherzustellen, dass die Offenbarungen vom Göttlichen stammen und nicht von Ihren persönlichen Sehnsüchten gefärbt sind. Konzentrieren Sie sich dazu ganz auf das fragliche Bild und versuchen Sie, irgendeine von seinen Komponenten zu verändern. Ein veränderbares Bild könnte von Ihrer Imagination gezeichnet worden sein. Wenn Sie das Bild nicht verändern können, ist es eine Offenbarung. Wenn Sie den Verdacht haben, dass das Bild manipuliert wurde, wischen Sie es von der Leinwand, sammeln sich und bitten das Göttliche um eine echte Offenbarung.

Schritt 5: Abschließen. Wenn Sie fertig sind, bitten Sie das Göttliche, alles von Ihrer Leinwand zu löschen und Sie auf den vollständigen Wiedereintritt in den Alltag vorzubereiten. Öffnen Sie die Augen, wenn Sie dazu bereit sind.

🪷 *Übung 27*
Mystisch Intuitive: alle Engel anrufen

Mystisch Intuitive sind Full-Service-Schamanen, die physisch, spirituell, verbal und visuell auf alle Chakras, Dimensionen und Ebenen der Existenz zugreifen können. Sie können sich mit Wesen und Geistern verbinden, die sowohl in den irdischen als auch in den jenseitigen Reichen zu Hause sind.

Diese Übung soll Ihnen helfen, mit einem wohlwollenden Engel in Verbindung zu treten, der Ihnen vom Göttlichen zugewiesen wird. Ich habe diese Übung so konzipiert, dass Sie sich nicht auf eine bestimmte Frage oder Absicht konzentrieren müssen. Sie bekommen einfach eine Botschaft, von der das Göttliche weiß, dass Sie sie brauchen.

Schritt 1: Vorbereiten. Suchen Sie sich einen Ort, wo Sie nicht gestört werden, und begeben Sie sich in einen meditativen Zustand. Konzentrieren Sie sich auf Ihr Herz-Chakra.

Schritt 2: Eine Verbindung herstellen. Stimmen Sie sich auf das Göttliche ein und bitten Sie darum, mit göttlicher Liebe erfüllt zu werden. Bitten Sie das Göttliche dann, Ihnen einen Engel zu senden, der eine Botschaft mitbringt, die nur für Sie bestimmt ist. (Tipp 10 beschäftigt sich damit, wie man dies für jemand anderen tut.)

Schritt 3: Empfangen. Öffnen Sie sich auf jeder intuitiven Ebene für diese Botschaft. Hören Sie die gesprochenen, gechanteten oder gesungenen Worte in Ihrem Geist. Sehen Sie die Bilder, die Ihnen auf der Leinwand Ihres Geistes gezeigt werden. Nehmen Sie die Liebe und die Segnungen an, die vom Göttlichen ausgegossen werden und über diesen Boten in Sie einfließen. Spüren Sie die physischen Empfindungen, Gefühle und Einsichten, die sich einstellen. Bleiben Sie im Empfangsmodus, bis Sie die Mitteilung ganz verstanden haben.

Schritt 4: Abschließen. Irgendwann kehrt der Bote in den Himmel zurück. Nehmen Sie sich etwas Zeit und wärmen Sie sich an der Glut, die von ihm bleibt. Bedanken Sie sich dann bei dem Engel und beim Göttlichen. Wenn Sie dazu bereit sind, kehren Sie in Ihren Alltag zurück.

Tipp 10
Eine mystische Botschaft für jemand anderen empfangen

Jede einzelne Ihrer intuitiven Kräfte kann Ihnen helfen, eine Botschaft sowohl für sich selbst als auch für eine andere Person zu empfangen. Kehren Sie zu Schritt 2 in Übung 27 zurück. Doch jetzt bitten Sie nicht um eine Botschaft für sich selbst, sondern für eine andere Person. Bevor Sie das tun, bitten Sie diese Person um Erlaubnis, eine entsprechende Botschaft empfangen zu dürfen. Dann machen Sie die nächsten beiden Schritte. Zum Schluss teilen Sie der anderen Person die Botschaft mit.

Nachwort

Wie oft achten wir auf Rauchringe in der Luft, Wasserwirbel im Bach oder Staubwirbel bei Sturm? Nachdem Sie dieses Buch gelesen haben, werden Ihnen diese natürlichen Wirbel wahrscheinlich viel öfter auffallen.

Noch wichtiger ist, dass Sie jetzt den Wirbeln aus Licht, Klang und Bewusstsein, die von Ihnen und Ihrer unmittelbaren Umgebung ausgehen, mehr Aufmerksamkeit schenken. Wie Sie erfahren haben, steuern diese feinstofflichen Wirbel – die Chakras – körperliche, geistige und seelische Angelegenheiten. Sie interagieren mit den Kräften der Erde und des Himmels. Sie stellen eine Verbindung zu anderen feinstofflichen Systemen wie Kanälen und Feldern her und helfen in allen Bereichen des täglichen Lebens.

Über diese wirbelnden, für die Augen unsichtbaren Körper können Sie Heilungen und Manifestationen durchführen. Sie können Linderung und Erholung herbeiführen, besser Grenzen setzen und sich für geistige Führung öffnen. Kurzum, Sie können als das spirituelle Wesen leben, das Sie sind, und ein Leben voller Anmut und Freude führen. Und Sie können eine Quelle der Inspiration für andere werden.

Möge Sie dies inspirieren, nach dem Himmel zu streben und doch immer mit beiden Beinen auf der Erde zu stehen.

Liste der Übungen

1. Ein Chakra mit einem Pendel orten
2. Ein Chakra auf die Handfläche übertragen
3. Ein Chakra mit den Händen orten
4. Zwischen der empfangenden und der sendenden Hand unterscheiden
5. Ein Chakra intuitiv orten
6. Empfangende und sendende Drehungen mit dem Pendel bestimmen
7. Den Zustand eines Chakras mit dem Pendel deuten
8. Ein Chakra oder mehrere mit den Händen beurteilen
9. Ein Chakra unter Einsatz intuitiver Gaben beurteilen
10. Ein Chakra mit den Händen klären
11. Chakra-Heilung mit den Händen
12. Ein kausales Problem mit Intuition heilen
13. Besonderer Heilungsschwerpunkt: Schmerzlinderung über Ihre Hände
14. Schmerzlinderung durch die Koshas
15. Chakra-Atmung zum Stressabbau
16. Die Chakras färben
17. Tönen mit den Chakras

18. Psychischen Stress über die Archetypen abbauen

19. Chakra-Edelsteintherapie bei körperlicher Anspannung

20. Herzbasierter Chakra-Schlaf

21. Schutz durch den goldenen Strahl

22. Manifestieren über die besonderen Fähigkeiten der Chakras

23. Physisch Intuitive: für Omen offen sein

24. Spirituell Intuitive: sich auf Liebe einstimmen

25. Verbal Intuitive: Offenbarungen schreiben

26. Visuell Intuitive: ein Bild sehen

27. Mystisch Intuitive: alle Engel anrufen

Liste der Tipps

1. Gegenprüfung mit einem Pendel
2. Ein Chakra auf Ihrer Handfläche klären
3. Handauflegen mit Chakra-Untergliederungen
4. Ein kausales Problem mit dem Pendel überprüfen
5. Chakras und kindliche Entwicklung
6. Tönen mit der Elementfarbe
7. Ätherische Öle als Ergänzung für jeden Chakra-Prozess
8. Aromatische Beruhigung
9. Die Manifestation mit Edelsteinen verstärken
10. Eine mystische Botschaft für jemand anderen empfangen

Liste der Abbildungen

1. Die sieben innerkörperlichen Chakras
2. Die Chakra-Wirbel
3. Die Schwingungsbereiche der Chakras
4. Die beiden Räder eines Chakras
5. Die drei Haupt-Nadis und die Kundalini
6. Die sieben Aura-Felder

Literatur

Avalon, Arthur: The serpent Power. Mineola, NY: Dover, 1974.

Brainworks: »What Are Brainwaves?« http://www.brainworksneurotherapy.com/what-are-brainwaves.

Crowe, Barbara J.: Music and soulmaking. Lanham, MD: The Scarecrow Press, 2004.

Dale, Cyndi: Llewellyn's Complete Book of Chakras. Woodbury, Mn: Llewellyn, 2016.

Dale, Cyndi: Der Energiekörper des Menschen. Handbuch der feinstofflichen Anatomie. Lotos Verlag, München 2012.

Hamilton-Parker, Craig: »The Aura: What It Is and the Meanings of Its Colors«, http://psychics.co.uk/blog/colour-meanings.

Hunt, Valerie V. et al.: »A Study of Structural Integration from Neuromuscular, Energy Field, and Emotional Approaches«, http://rolfing-ca.com/PDF/ucla.pdf.

Innovation Technologies and Energy Medicine. »Understanding Auras and Bioenergies«. RFI Technical

Manual, 2002. http://www.item-bioenergy.com/infocenter/UnderstandingAuras.pdf.

Mastin, Luke: »Types and Stages of Sleep: Non-Rem Sleep«, http://www.howsleepworks.com/types_nonrem.html.

Pert, Candace: Moleküle der Gefühle. Körper, Geist und Emotionen. Rowohlt TB-Verlag, Einbek, 2002 (3. Auflage).

Taber, Jerriann J., PhD.: The Rapid Healing Technique. Bloomington, IN: Trafford, 2004.

Walia, Arjun: »Nothing Is Solid and Everything Is Energy – Scientists Explain the World of Quantum Physics«, www.collective-evolution.com/2014/09/27/this-is-the-world-of-quantum-physics-nothing-is-solid-and-everything-is-energy.

Weinhold, Bob: »Epigenetics: The Science of Change, Environmental Health Perspectives«. Environmental Health Perspectives vol. 114, no. 3 (March 2006): A160–A167.